蔡雅芝 著

科技英文這麼學

A Practical Guide to
Scientific English

國家圖書館出版品預行編目資料

科技英文這麼學 / 蔡雅芝著. -- 1版. -- 臺北市：臺灣東華，2017.08

216 面；19x26 公分.

ISBN 978-957-483-908-7 (平裝)

1. 英語 2. 科學技術 3. 讀本

805.18　　　　　　　　　　　　106014553

科技英文這麼學

著　　者	蔡雅芝
執行編輯	謝靜華，廖于萱
發 行 人	蔡彥卿
出 版 者	臺灣東華書局股份有限公司
地　　址	臺北市重慶南路一段一四七號四樓
電　　話	(02) 2311-4027
傳　　眞	(02) 2311-6615
劃撥帳號	00064813
網　　址	www.tunghua.com.tw
讀者服務	service@tunghua.com.tw
出版日期	2025 年 8 月 1 版 2 刷

ISBN　978-957-483-908-7

版權所有　‧　翻印必究

序

為理工人量身訂做的科技英文

《科技英文這麼學》這本書的誕生，要從 2008 年我依據理工人的思維及需求，針對理工背景的碩士班學生開授「科技英文」這門課講起。

理工科碩士班的正常修業時間只有兩年，學生必須在最短時間內學會正確、有效地閱讀以英文撰寫的學術論文、期刊、操作手冊…等文獻，才能及時展開研究，順利取得學位。然而，眾所周知，語文的學習是一項日積月累的大工程，沒有速成的管道，要在一個學期內將英文程度參差不齊的理工科學生拉拔到能有效閱讀學術論文，甚至提筆寫出英文段落，根本是不可能的任務。

為了提升水平，大部份理工學生會去選修外文系的語文專業老師開授的科技英文相關課程，我指導的研究生也不例外，可惜一個學期下來效果有限，原因是文科與理科的背景知識及思考方式相差頗大，語文專業老師不容易掌握理工學生對於英文的特定需求，也不太能體會理工學生在學習時可能遭遇的困難…說穿了，就是沒能「對症下藥」。

既然專家出馬成效不彰，那就讓「不正規」的來試試吧！身為道地的理工人，我因為教學研究及主持科技網站的緣故，累積不少科技英文的材料與經驗。面對不可能的任務，我不得不拋棄傳統思維，另闢蹊徑。既然短時間內無法面面俱到，那就本著任務導向的精神，按需求採取重點突破吧！於是我針對理工學生在科技英文方面常碰到的問題，一一提出應對之策。

例如，很多學生閱讀科技英文文獻有困難的原因，根本在於認識的字彙太少，因此我花了一些工夫來探討科技英文相關詞彙，除了提供學生專業核心字詞表及科技英文常

見動詞表，還介紹了科技詞彙的衍生規則，以協助學生快速有效地擴充自己的字庫。

有些學生的問題在於對文字或句子的解讀不正確，導致曲解文義，原因除了不熟悉一般英文文法規則，也可能是對科技英文文句特質缺乏認識的結果，因此本書中特別分析了科技英文常用的各類型子句及片語，並探討了幾種科技英文中常見的句型。

雖然理工人經常與公式為伍，我卻不主張將英文文法公式化，也不認同強記死背的學習方式，我比喜歡較透過講解、示範及仿作的過程來學習語文，因此我選擇提供大量的例句、模仿造句及各種練習給學生，讓他們可以「邊學邊用」，即使學生一開始會因程度不足而犯錯，但不可否認的是，排除錯誤也是一種重要的學習手段。

一旦學生具備了閱讀科技英文的能力，接下來便能挑戰科技英文的寫作能力，為此我在課程最後安排了科技英文段落架構的分析及寫作練習，以實例說明如何應用各種體裁來撰寫不同目的的段落，讓學生一一仿照練習寫作。

一晃眼十載已過，這本書是我根據開授「科技英文」課程的教學內容加以編撰擴充的成果。雖然這門課是開在研究所，但修課學生中不乏大學部學生，而且除了本人任教的光電系外，也有從物理、電機甚至化學系跨系來修課或旁聽的碩博士生，因此這本書的讀者廣泛設定為理工科系學生。

這本書是根據理工學生的需求量身打造，因此在內容的選擇及安排上有別於坊間的科技英文教科書，但是修過課的學生反應是實用且有效；由於有沒修到課、甚至在他校研究所就讀的系友來向我索討課程講義，我索性將上課內容結集出書，希望能服務更多有科技英文需求的理工學生。

蔡雅芝
台中逢甲大學 光學系
2017 年 8 月

作者簡介

蔡雅芝

交通大學電子物理系學士，清華大學物理系博士，曾赴英國帝國理工學院從事研究。目前任教於逢甲大學光電學系，專長為凝態物理、奈米科學及電磁模擬計算。

曾任《奈米科學網》主持人，翻譯作品與科普寫作散見於國內相關科學性雜誌。譯有《費曼計算學》一書。

目 錄 CONTENTS

序　iii
作者簡介　v

第一章　如何學好科技英文　1

1.1　掌握科技英文的要素　2
1.2　科技英文學不好的原因　4
1.3　檢視自己的科技英文程度　10
1.4　本書的編排及使用　11

第二章　英文的基本文法　15

2.1　肯定句及主被動語態　16
2.2　英文的時態變化　20
2.3　否定句、疑問句及間接敘述句　29
2.4　英文的基本句型　40
課後習題 (Homework)　44

第三章　科技英文詞彙的特點　49

3.1　科技詞彙的特質　50
3.2　科技詞彙的衍生　56
3.3　縮寫、科學符號及表示法　67
3.4　科技英文常見動詞　76
課後習題 (Homework)　81

第四章　科技英文文句的規則　87

4.1　科技英文文句的特徵　88
4.2　時態運用規則　92
4.3　各類型子句　95
4.4　片語的使用　111
課後習題 (Homework)　121

第五章　科技英文常見句型　125

5.1　被動句型　126
5.2　否定句型　129
5.3　強調句型　136
5.4　There be 引導句型　141
5.5　宜避免出現的句型　143
課後習題 (Homework)　148

第六章　科技英文段落分析與寫作　151

  6.1 段落的結構　152

  6.2 段落的分類　157

  6.3 段落的寫作　166

  課後習題 (Homework)　175

附錄一　光電 / 物理 / 電機 / 電子核心字詞表　179

附錄二　簡易科技英文體檢表　185

附錄三　科技英文常見動詞表　189

隨堂練習解答 (Answers to In-Class Exercises)　195

參考文獻（References）　205

圖表目錄 FIGURE/TABLE CONTENTS

表目錄

表 1-1　科技英文中常混淆的詞彙數例　8

表 2-1　英文的各種時態　20

表 2-2　be 動詞的時態變化　25

表 2-3　have 的時態變化　26

表 2-4　一般動詞時態變化之規則　27

表 3-1　經常被誤解的科技詞彙　53

表 3-2　常見的度量衡縮寫或符號　70

表 3-3　單位前綴縮寫對照表　71

表 3-4　科學單位縮寫範例　72

表 3-5　希臘字母及發音對照表　73

表 3-6　各科技領域共用的常見動詞　77

表 6-1　學術論文各單元適用段落體裁　165

圖目錄

圖 1-1　科技英文的三要素　2

圖 1-2　線上字典對 project 一詞的解釋　6

圖 3-1　加前後綴或組成複合字來衍生字彙　57

圖 6-1　文字段落的目的　157

第 1 章
如何學好科技英文

1.1 掌握科技英文的要素

科技英文與一般生活上、文學上或商業上使用的英文不同，它是以英文為表達工具，內容專注於科學或工程相關的描述。相較於文學、商業或法律上使用的英文，科技英文的文法或許相對簡單，文句的結構也沒有那麼複雜，但是它還是有一些特別的要求與規矩。要學好科技英文，讀者通常必需要能掌握底下三個要素：

一、具備科技專業知識、
二、英文程度要達一定水準、
三、中文造詣也不能太差。

圖 1-1 科技英文的三要素

具有理工教育背景的人很容易滿足第一個要素，即圖 1-1 左上方的那一塊，但是往往只侷限在自己熟悉的專業領域，這是因為隔行如隔山，而且越是高科技，專業性越高，侷限的程度越大；例如，讓電機系畢業的大學生去讀醫學方面的報告，即便是中文報告，除非他湊巧選修過相關課程或作過相關專題研究，否則大概只能讀個一知半解，而英文報告還要再加上語言門檻，能理解的比例就更低了。台灣理工科系學生的英文程度普遍不佳，閱讀原文教科書或學術論文已經相當吃力，遑論以英文撰寫作業或報告，所以當務之急是要努力提升英文程度。

至於英文相關科系的畢業生，第二要素是他們的專業，所以很容易掌握圖 1-1 正下方那一塊；然而即使英文程度很好，缺乏科技素養還是可能導致理解錯誤，最常見的毛病就是偏離正確的文意而渾然不自覺。筆者許多年前曾在書店翻閱過一本介紹新興科技的譯作，書中花了相當大的篇幅描述一種與雷射應用相關的「親筆文件」技術。這是什麼奇怪的技術？看得我一頭霧水，直到在書末的索引查到該技術的原文名詞，我才恍然大悟，原來介紹的是「全像術」(holography)。全像術的應用在今日已不算陌生，信用卡上的防偽圖案就是一例，不過當年全像術還是科技新秀，一般人相當陌生。Holograph 一詞不是新創的名詞，你如果查字典，它確實可以做為「親筆文件、

真跡」之用，但是在這本書中完全不做此用。我好奇查了一下譯者的背景，外文系畢業，難怪翻譯出來的文句雖然通順，內容卻完全牛頭不對馬嘴。

此外，我們雖然生活在中文環境中，但科技上的資訊通常是以英文形式傳遞，我們經常為了作研究、寫報告或發表論文，需要將英文翻譯成中文，譯者的中文造詣當然也不能太差，否則即使文法看得懂，文意也讀得通，翻譯出來的中文卻可能辭不達意，詰屈聱牙，甚至是所謂的英式中文。

以上三種科技英文成功的要素不容易同時擁有，讀者不妨分析一下自己在這三方面的掌握程度，以了解需要在哪方面做加強。至於評量科技英文程度的標準，我們可以分成「信、達、雅」三個層次來看。

「信」就是正確可靠 (correct and reliable)。不論是學習哪一種外語，最基本的要求都是正確性，換言之，就是要能看得懂原文的內容，正確理解文意，在寫作上則要能以英文正確表達欲傳達的訊息。這一點對科技英文尤其重要，因為它傳達的內容與科技相關，而科技講求的是精準與確實，不需要拐彎抹角，也不喜歡模稜兩可，因此「信」是科技英文最基本也是最優先的要求。

下一個層次要求的是「達」，也就是平易通順 (smooth and accessible)。在閱讀方面，不只看得懂，還進一步要求順暢有效率；一段文字不需要反覆推敲半天才能參透，而是能輕鬆流暢地理解文章內容，遇到不認識的生字也多半能從前後文大致推敲出詞意，而非動不動就得翻書查字典。在寫作方面的要求不只是詞要達意，寫出來的文句還要通暢易讀。要達到這個階段，光是熟記很多英文字彙及文法是不夠的，你還得掌握科技英文的特點及一些「規矩」，例如什麼場合適合使用被動態，該用哪一種時態來描述這項發現等等。

做到「信」與「達」之後，最後就要追求「雅」的境界。「雅」就是簡潔優美 (concise and elegant)，用字不僅精練傳神，往往還有讓人驚豔的效果。要達到這個境界，免不了要引經據典，善用成語或格言，這就跟個人的文學造詣有很大關係了。

例如 He was so worried that he couldn't sleep last night，直接翻譯成「他昨晚太擔心，以致於睡不著覺」就已經算通暢達意；如果翻譯成「他昨晚擔心得睡不著覺」更是簡潔有力；至於譯成「他昨夜愁不成眠」的人，其文字功力顯然更上層樓，根本屬於另一種境界了。

1.2 科技英文學不好的原因

由於每個人的知識背景及學習模式不盡相同，在學習科技英文時碰到的困難也有差異。筆者根據授課及指導研究生多年的觀察，大致歸納出底下幾個學習上常見的毛病：

1. 字彙認識太少：不認識的字彙太多，一篇文章就會變得殘缺破碎，即使讀者想從前後文推敲文意，也會因為線索不足而滯礙難行，所以學習科技英文的最基本要求就是至少要認識一定數量的詞彙。字彙還可以細分成一般英文詞彙及科技專業詞彙兩類，讀者需要釐清自己缺乏的是哪一種，才能對症下藥。

筆者在開學的第一堂課，會要求修課學生針對教育部訂定的國中 2000 個英文字彙，自行評量認得的比例。這 2000 個都是非常基礎的一般英文字彙，照理說國中已經學過，高中又復習一輪，掌握個九成應該易如反掌，然而令人驚訝的是修課學生達到此標準的不到三分之一，竟然還有人認識不到 6 成！如果拿來施測的是教育部訂的高中 7000 英文字彙，結果可想而知。

認識的字彙太少，就像缺少磚頭、水泥等基本建材，當然蓋不出房子來，所以重拾國中及高中曾經學過的英文單字，便成為學習科技英文的基本功課之一。讀者如果想進一步擴大自己的一般英文單字字庫，速成法是找程度更高的單字表來背，例如全民英檢中級 / 中高級字庫，或是多益 / 托福字庫，這些在網路上都很容易找到檔案供人免費下載；不過，強背的單字記得快忘得也快，所以長效持久的作法是多閱讀英文書籍

或雜誌（紙本或線上都行），最好是找到固定的英文文章來源，並養成定期定量的閱讀習慣。

至於科技專業詞彙，理論上，理工背景的學生應該可以透過原文教科書認識許多科技專業詞彙，然而實際情況並非如此。根據筆者的觀察，許多大學生向來只看老師的講義，很少看教科書；即使要看教科書，也一定找中譯本，根本不碰原文書。如果老師提供的講義、作業及考卷又都是中文，那麼他們接觸到的英文專業詞彙並不會比一般人多出多少，長久下來的結果是很多理科生對於一般詞彙與專業詞彙都認識太少，科英文獻當然讀不下去。

談到這裡，筆者不得不強調閱讀原文教科書的重要性。對理工學生而言，原文教科書不只是吸收專業知識、認識專業詞彙的管道，也是複習一般英文字彙與文法的地方。書中各種用來說明原理、解釋現象、分析圖表公式的敘述，都是科技英文的現成示範。能讀懂原文教科書，自然就具備閱讀一般科技英文的基本能力，所以大學生應該養成使用原文教科書的習慣，不要一味地仰賴中譯本。

非理工背景的讀者通常對專業詞彙比較陌生，要克服這一弱點，需要刻意補充科技專業知識，但是如果能了解專業詞彙的特性，並借助適當的工具（如專業字典），掌握到關鍵的字詞，通常也能彌補這方面的缺失。我們將在第三章中探討科技英文詞彙的特點，包含它們的用法及衍生方式，並介紹如何利用輔助工具來查尋它們，有系統地協助讀者吸收專業詞彙。

認識的科技詞彙越多，對提升科技英文能力越有利，因此筆者針對修課學生製作了一張必背的專業核心字詞表（參見**附錄一**）。這個表格是參考光電相關系所核心課程採用的教科書，由書末的索引 (index) 綜合歸納最重要的專業詞彙而來，適合光電／物理／電機／電子相關科系的學生使用。其他科系也可以比照上述作法，自行匯整出適合該領域的專業核心字詞表。

筆者要求學生不只要將表中的字彙背起來，還要會正確發音。背單字的要求雖然簡單，但很快就見效。修課的學生告訴我，自從背了這張表後，閱讀學術文獻的速度加快不少，上台報告時因為唸不出或唸錯專業名詞而出糗的情況也大幅減少了。

2. 字義選擇錯誤：另一種情形是雖然認得字詞，但卻選擇了錯誤的字義，結果文句還是讀不懂，或者解讀錯誤而不自覺。舉個例子來看，在我給學生的翻譯作業中有這麼一句：

> A thin-stripe of 690 nm-laser light is *projected* onto the target surface and imaged by a CCD camera. (1.2-1)

有一個學生翻譯成：「波長 690 nm 的細條紋雷射光計畫用在目標物的表面，然後用 CCD 攝影機照下來。」先不論文筆好壞，這段譯文根本就讀不通，一仔細追究，發現毛病出在 project 這個字上。

圖 1-2 是利用某線上字典查詢 project 這個字的結果。解釋不只一種，學生顯然挑了第一個，然而從前後文來判斷，此處正確的意思應該是「投射」，所以這句話應該譯成「將波長 690 nm 的條狀雷射光投射在目標表面，然後以 CCD 攝影機拍下影像。」

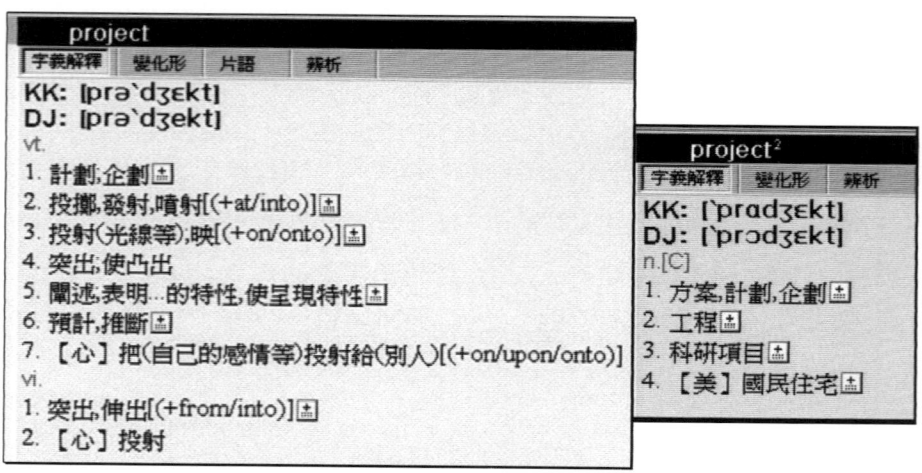

圖 1-2 線上字典對 project 一詞的解釋

這個例子是要讓大家瞭解，一個英文單字可能有好幾種解釋，甚至可能具備名詞、動詞、形容詞等不只一種詞性，例如 project 光是當動詞就有「計畫」、「投擲」、「投射」…等不同的意思，它也可以當名詞的「計畫」使用，比方說 project manager 就是指專案經理。碰到這類具有多重身份的字彙，讀者必須視前後文來選擇正確的詞性與字義。我們在第三章介紹科技英文詞彙的特點時，還會有更深入的討論。

另一種字義選擇錯誤的原因跟當事人的細心程度有關。筆者曾長期擔任科技新聞網站的主編，因為業務需要審閱了大量科技新聞的英翻中譯稿，發現很多錯誤竟然來自譯者「不小心看錯了」；比方說，將 material 看成 metal，把 transparent 看成 transport，或將 exceed 誤認成 excess 等等。這些錯誤看起來離譜，可是卻常常發生，尤其是在匆促閱讀或翻譯之下，很容易將外形相近或組成類似的字彙張冠李戴。在這些容易混淆的字彙中，有些原本就有「親戚關係」(即衍生自同一字根)，被誤認的機率特別高。

有時候當事人倒不是一時粗心看錯字，而是根本從頭到尾誤認成別的字。例如在很多光電及微電子領域的文章中會出現 silica 一字，根據筆者的經驗，有大約一半的人會將它當成「矽」，但事實上 silica 是「矽的氧化物」，通常是指「二氧化矽」(SiO_2)。Silica 是一種絕緣體，玻璃的主要成份就是它，而 silicon 是半導體，它才是 IC 產業不可或缺的原料「矽」，晶圓的成份就是它；字尾差了一點點，絕緣體立刻變成半導體，這個錯誤如果帶進實驗室，研究鐵定會出亂子。

以下列舉出幾組經常造成混淆的字詞，讀者可以試試看自己能區分出哪幾組，答案請參考書末的「隨堂練習解答」。

表 1-1 科技英文中常混淆的詞彙數例

silicon	silica	silicone
aluminum	alumina	alumnus
substance	substrate	subtract
electron	electrode	electrolyte
effect	affect	afflict
reflection	refraction	diffraction
proton	photon	phonon
fission	fusion	fiction	friction
transfer	transform	transmit	transit

3. 不熟悉英文文法：如果字彙都認得，卻依然看不懂或是誤解文句的意思，通常就是文法出了問題。英文的文法與中文有很大的差異，邏輯詞序有其特定的規則，不論是英翻中或中翻英都不能逐字翻譯，否則不只可能出現奇怪的「中式英文」或「英式中文」，更可能完全弄錯文意。例如：

> One advantage is that the Qdots can be fine-tuned to emit different wavelengths simply *by altering the size of the core nanostructure*. (1.2-2)

其中 Qdot 是某公司生產的量子點商品名稱。

有學生翻譯成「第一項好處是 Qdot 可以發出不同的波長改變奈米核心的構造。」明眼人一看就知道這是完全沒有考慮文法、逐字翻譯的結果，讀起來當然不知所云。懂文法的人應該能從 by 這個字看出此句中的因果關係：by 之後的斜體字說明藉由什麼樣的作法（相當於「因」），而劃底線部分是得到的結果（相當於「果」）。這句話真正要表達的是「優點之一是僅需改變核心的奈米結構大小，就可以微調 Qdot 的發光波長。」

科技英文雖然要求懂得一定程度的文法規則，但文法的學習未必得靠強記死背。想想我們從小到大並沒有特地學習中文的文法，只是因為身處中文環境，天天聽說讀寫，

潛移默化中自然就學會了中文文法。語文的學習模式類似，只要搞懂國高中已經教過的英文文法規則，設法製造使用英文的機會，久而久之，一定能提升自己的對英文文法的熟捻程度。

4. 誤解文義：對英文程度較好的讀者而言，字看得懂，文法也考慮了，但還是有可能誤解句子的意思。我們再看一個例子：

> Instead of trying to produce optical gain in silicon directly, the researchers decided to grow a gain material on top of a silicon substrate. (1.2-3)

學生解讀成：「取而代之的是試著在矽之中直接去製造光學增益，研究人員決定去增加在矽基板頂端的增益物質。」幾乎每個字都翻譯正確，最後卻敗在誤解 instead of 這個片語的用法，以至於譯出來的文意與原文完全相反。此句簡單來說就是在兩件事中選擇一件來做，而緊接在 instead of 之後的是放棄不做的那件事，所以這句的意思是「與其嘗試直接在矽材中製造光學增益，研究人員決定在矽基板上生長增益物質。」

科技英文的特徵之一是使用大量的子句、片語、分詞、不定詞等來協助描述及修飾，很多人常會因為搞錯修飾的對象而誤解文義。例如：

> An innovative new technique to identify and repair small cracks in aircraft wings and other structures *using carbon nanotubes* has been developed by scientists.
> (1.2-4)

上句中的片語 using carbon nanotube 究竟是用來修飾 technique 或是 structures 呢？正確答案是前者；如果弄錯對象，翻譯出來就完全不是那麼一回事。

要避免誤解文義，讀者務必養成前後文一起看的習慣。初學者常犯的毛病之一是逐字、逐句去解讀文章，這很容易落入「見樹不見林」的窘境，往往只要一個字彙或片語沒弄對，對整句文意的理解就可能走偏。其實科技文章的上下文多半有明確的邏輯關係（例如因果、並列、反證等），讀者大可利用這些線索來協助解讀文義。如果文章較長，無法一次看完，至少一次看完一個段落，再來分析或翻譯文句內容。

5. 字彙文法都不足：最悲慘的情況莫過於英文字彙沒認識幾個，又沒有英文文法規則的概念，那科技英文就真的像外星文字一樣難懂了。

1.3 檢視自己的科技英文程度

幾年前筆者針對任教的理工科系碩士班研究生開授科技英文課程，希望能在最短時間內提高研究生的英文能力，讓他們能讀懂學術論文、實驗報告及使用手冊等以原文撰寫的專業文獻，以利研究的進行。坦白說，要在一個學期內打好外文基礎，根本是「不可能的任務」，但是為了協助研究生能順利畢業，只能死馬當活馬醫，拼多少算多少。由於修課學生的英文程度參差不齊，又不能實施能力分班，筆者不得不在第一堂課就對學生實施簡單的科技英文程度測驗。此測驗不列入學期成績計算，它的作用相當於「體檢報告」，是要讓學生了解自己的「營養是否均衡」，哪一項英文能力需要加強。有興趣的讀者不妨幫自己檢驗一下。

筆者設計的「簡易科技英文體檢表」（參見**附錄 2**）內容分成四大題，每大題檢核的能力不同，因此各別評分。第一大題的「一般英文詞彙」列出科技文獻中常見的一般英文詞彙，包含名詞、動詞、形容詞⋯等，請受測者分別寫出詞性及對應的中文。第二大題「科技專業詞彙」的形式與第一大題類似，但內容偏重在與受測者背景相關的科技英文詞彙。

這兩大題的目的是要了解學生對這兩種詞彙的嫻熟程度。筆者發現有閱讀原文教科書習慣的學生，在這兩項的平均表現明顯優於平常不看原文書的學生。英文程度較佳的學生即使在一般詞彙表現不錯，在專業詞彙方面得分未必就高；倒是一些英文原本較弱的研二學生，由於已經在指導教授要求下讀了不少學術論文，耳熟能詳的結果，科技英文詞彙的得分反而比一般英文詞彙還高。

第三大題測試的是「閱讀及翻譯」的能力，題目為 20 個字左右的科技相關英文句子，請受測者標示出主要句子的主詞及動詞，然後將整句翻譯成中文。此大題目的是

要透過受測者對文句的理解，評估其對英文文法的掌握程度，所以題目中刻意避免使用艱澀的字彙或太複雜的文法。

令人驚訝的是，大約有三分之一的學生連主詞及動詞都無法正確找出來，而大約只有一半學生能正確解讀文意。追究原因，主要是學生不會分析句子的結構，例如無法分辨主句及子句，或是搞不清楚片語或子句修飾的對象，導致曲解文句內容。這些都是不熟悉英文文法的結果，所以我們在本書第二章先復習國中及高中學習過的英文文法，以便在更後面的章節進一步探討科技英文的特性及常用的句型。

最後一大題是「英文造句」，題目為 30 個字左右的科技相關中文句子，請受測者撰寫成英文。同樣地，題目刻意避免使用太冷僻的詞彙，以免考不出受測者的英文造句能力。僅管如此，這一大題通常得分最低，大多數受測者不知道如何以英文表達文意的邏輯關係，更不會利用片語或子句來輔助描述，甚至有不少受測者根本是按中文逐字翻譯，造出來的句子完全脫離英文文法，成為佬外看不懂的「中式英文」。

理工背景的讀者一定有這種體驗：對於普通物理或微積分等包含較多計算的理工科目，看得懂別人寫的解答，與自己能獨立解題是兩碼子事，所以即使事先看過解答，同樣類型的題目考出來也未必會解。英文也是如此；有能力閱讀別人寫的英文，與自己寫得出英文文句還有一段距離，所以英文作文需要額外的指導與練習。有鑑於此，我們在本書中安排了許多模仿造句，讓讀者模仿例句練習撰寫各類型的英文句子，之後再將相關連的句子組合起來，從零散的單句形成有組織的段落，再由段落組合成一篇短文。

1.4　本書的編排及使用

本書的內容一共包含六章，每章又細分成三到五小節。我們在第一章先通盤性地分析學好科技英文必須掌握的幾個要素，也探討了一般人學習科技英文時常犯的錯誤以及改正的方法，並示範讀者如何檢視自己的英文能力。

在第二章中，我們帶領讀者「重溫」國中及高中曾經學過的基本英文文法；我們由最簡單的肯定句下手，先回顧主被動語態以及各種時態對應的文法規則，然後推廣至否定句及疑問句，接著介紹英文的六種基本句型，為後續分析科技英文常見的長難句，預先打下基礎。英文程度好的讀者可以選擇略過本章，直接進入第三章。

第三章專門探討科技英文使用的詞彙。我們首先歸納整理出科技詞彙的特點，接著介紹如何透過前後綴及複合字的方式來衍生字彙，以及科技英文中特有的縮寫及科學符號，這些都可做為讀者閱讀科技文獻碰到生字時的判斷依據，有助於提高猜對的機率；我們也在本章最後一節特別討論了科技英文中常見的動詞，熟悉這些詞彙除了能讓讀者更有效率地閱讀科技文獻，還可培養中翻英的造句的能力。

第四章是以第二章的基本文法為基礎，進一步探討科技英文文句上的特徵，以及如何搭配場合運用時態的規則，並介紹各類型子句及片語在科技英文中的應用。第五章則專門來探討科技英文中常見的句型，包括被動句型、否定句型、強調句型及 There be 句型。這些文句的規則不只能在閱讀科技英文文獻時用來分析判讀文義，更有助於進一步培養撰寫科技英文的能力。此外，我們還在章末討論了一些雖然符合文法但卻應該要避免出現的句型，進一步精進讀者的科英撰寫能力。

最後，我們在第六章先針對科技英文的段落進行結構分析，說明在如何以「引言—正文—結論」的架構組成段落；接著我們根據段落的目的加以分類，並討論各種常見的段落體裁，再一一以實例說明如何應用各種體裁來達成不同的段落目的。在最後一節，我們先介紹草擬段落大綱時需考慮的各個面向，然後依段落目的複雜程度將段落分成「專一型」及「綜合型」兩種來討論，並以數個實例示範如何先規劃段落大綱，再根據大綱撰寫成單一的獨立段落，或是數個相關的段落。

筆者深信語文的學習不能光靠套用公式，而是需要大量的模仿及練習，因此我在各章節中除了提供大量例句，還在例句之後安排許多「隨堂練習」(in-class exercises)，包括模仿造句、改作及練習，句首有【仿】、【改】或【練】等字樣，讓讀者可以「現學現用」，加深印象；答案請參考本書最後面的「隨堂練習解答」。值得注意的

是，語文不像理工科目有精準、專一、不容爭辯的答案，對科技英文來說，「詞能達意」就算滿足基本要求了，所以解答往往不只一種，換言之，沒有所謂的標準答案，本書提供的答案僅供參考。

此外，每一章的最後面都有根據章節內容設計的「課後練習」(Homework)，協助讀者復習每章學習到的內容，我通常會指定學生只做單數題或雙數題，剩下的題目用來協助程度較差的學生補強；「課後練習」也可以做為學習成效評量的題庫，解答將會另外提供。

本書還有三個附錄，分別收錄第一章提到的「光電 / 物理 / 電機 / 電子核心字詞表」、「簡易科技英文體檢表」，以及第三章提到的「科技英文常見動詞表」。這些表格的內容或許受限於特定領域，但它們的產生規則卻是各領域通用，所以我們提供這些表格的電子檔，讓不同背景的讀者可以根據這些規則擴充表格，進而客製化適合自身領域的表格。

第 2 章

英文的基本文法

科技英文是建築在普通英文的基礎之上，因此我們有必要先介紹一下英文的基本文法。台灣學生從小學就開始學習英文，歷經國高中階段，對於英文基本文法理當不會陌生，再加上本書篇幅有限，因此筆者不打算巨細靡遺地介紹英文文法，而是採用重點回顧方式幫讀者快速複習基本文法。

為了解釋文法規則及句子的組織結構，筆者會適度拆解文句，但不建議讀者把文法當成公式來背誦，我主張透過例句來學習文法，因此本書經常在例句之後安排模仿造句或改作等練習，請讀者務必把握機會練習。

本章我們先由最簡單的肯定句著手，接著探討主被動語態及各種時態，協助大家回味一下基本文法，然後擴展至否定句及疑問句，最後再逐一介紹英文的六大基本句型，為將來挑戰科技英文中最令人頭痛的長難句預先做準備。

2.1 肯定句及主被動語態

英文句子可以根據語氣分成肯定句、否定句及**疑問句**，其中最簡單的當然是平鋪直述的肯定句。完整的英文句子至少需包含一個**主詞 (subject)** 及一個**動詞 (verb)**，動詞可以分成 **be 動詞**及**一般動詞**兩大類，它們隨時態或主被動語氣的變化規則不太一樣，所以需要分開討論。

 be 動詞

be 動詞經常用來描述主詞的狀態、名稱、性質…等，意思相當於中文的「是」、「為」。使用 be 動詞時必須按照人稱、單複數及時態，將其從原形變化成 am、are、is、was、were… 等，例如

    I am a graduate student.【第一人稱現在簡單式】　　　　　　　　　　(2.1-1)
    我是研究所學生。

Customers are always right.【第三人稱現在簡單式】 (2.1-2)
顧客永遠是對的。

We have been roommates for three years.【第一人稱現在完成式】 (2.1-3)
我們曾經當過三年室友。

【仿】Einstein 是一位有名的物理學家。 (2.1-4)

 一般動詞

若要表達主詞的動作、行為、習慣…等，就得使用一般動詞。一般動詞也得按照時態、人稱的不同來變化。例如：

I go to school by bus.【第一人稱現在簡單式】 (2.1-5)
我搭公車上學。

Laura took three courses last semester.【第三人稱過去簡單式】 (2.1-6)
蘿拉上學期修了三門課。

【仿】他每週打兩次網球。 (2.1-7)

一般動詞的時態變化大多遵守一定的規則，但例外也不少。我們將在下一節有系統地討論動詞的時態變化。

肯定句還可以根據語態 (voice) 區分成**主動態**及**被動態**。前面列舉的例句都是「XX 是…」或「XX 做了…」的主動語態，有些文句可以在主動語態與被動語態之間做變換，有些則不行，通常得視句中的動詞是**及物動詞 (transitive verb)** 或**不及物動詞**

(intransitive verb) 而定。及物動詞顧名思義後面一定要有承受動作的**受詞 (object)**，不及物動詞則沒有這個要求，這兩種動詞都能在主動語態中使用，但只有使用及物動詞的句子才能改寫成被動態。

 主動語態 (Active Voice)

主動語態是用來描述「**A 做了…**」或「**A 對 B 做了…**」，句子主要是以

「A + 不及物動詞 + 補語」或「A + 及物動詞 + B + 補語」

的形式呈現，其中 A 是**主詞**，也就是執行動作者，後面跟著一個描述動作的**動詞**；如果動詞是及物動詞，則後面跟著接受動作的**受詞** B，如果是不及物動詞，就不需要受詞；最後再加上補充說明的**補語**；有些比較簡單的句子未必有補語。例如：

Thomas Edison invented the first light bulb. (2.1-8)
愛迪生發明了第一個電燈泡。

【仿】Mr. Smith 十年前創立這家公司。 (2.1-9)

此處 Thomas Edison 是主詞 A，invent 是及物動詞，the first light bulb 是受詞 B，補語從缺。再看一句：

The power decayed rapidly. (2.1-10)
電力迅速地衰減。

此句中 The power 是主詞，decay 是不及物動詞，所以沒有受詞，而補語 rapidly 是用來修飾動詞的副詞；為了跟形容詞做區別，我們習慣將副詞翻譯成「XX 地」，而以「XX 的」表示形容詞，所以 rapidly 是「迅速地」，rapid 則是「迅速的」。

被動語態 (Passive Voice)

同樣一件事如果採用被動語態表示，則意思變成「**B 被 A 做了…**」。此時原本的受詞 B 移至句首當主詞，動詞改寫成被動態，也就是「**be + 動詞的過去分詞**」，然後加入 by 帶出動作者 A，句子結構變成

「B + be + 動詞的過去分詞 + by + A」

其中 be 必須隨時態變化。例句 (2.1-8) 若以電燈泡為主詞，可改寫成被動態：

The first light bulb <u>was invented</u> by Thomas Edison. (2.1-11)
第一個電燈泡是愛迪生發明的。

【仿】這家公司是 Mr. Smith 十年前創立的。 (2.1-12)

有時候句子中不需要說明動作者，因此連 by 都省略了，例如

I <u>am invited</u> to give a talk in the conference. (2.1-13)
我應邀在會議中演講。

【仿】那台儀器上個月送修了。 (2.1-14)

請注意，例句 (2.1-10) 中的不及物動詞沒有受詞，自然不能改寫成被動語態。

為什麼同樣一件事需要分成主動及被動態表示呢？主要原因在於強調的對象不同。主詞是一個句子中最重要的元素，例句 (2.1-8) 中的主詞是人，強調的對象是發明燈泡的愛迪生，而在 (2.1-11) 中主詞是物，強調的是愛迪生發明的燈泡。雖然兩句描述的是同一件事，但可以透過語態的選擇，來強調不同的對象。此外，在科技英文中，為

了突顯立場的客觀性或淡化人為因素，使用被動語態的頻率相當高，因此值得讀者多花些工夫熟悉它。

被動語態也能與各種時態搭配使用，下一節我們會介紹各種時態下的被動語態，而在第五章介紹科技英文常見句型時，我們會更深入探討各種適合使用被動語態的情況。

2.2 英文的時態變化

要描述一個事件（例如參加考試、去購物、做運動等等），我們可以根據事件發生的時間，分成**現在**、**過去**及**未來**三種「**時間**」(time)，也可以按照事件的狀態分成**現況**、**進行中**、**已經完成**及**正在完成**等四種「**狀態**」(status)，而「時間」與「狀態」的組合就是「**時態**」(tense)。

中文的時態通常是透過搭配動詞的副詞來表達，例如「我昨天去看了一場電影」及「我明天要去看一場電影」，是透過「昨天」、「明天」、「看了」及「要去看」來區分時態。英文則是透過動詞來表現時態，副詞只是畫龍點睛之用，因此各種時態有其特定的文法規則。

要描述事件發生的時間，英文分成**現在式**、**過去式**及**未來式**三種「**時間**」，而根據事件的狀態則可分成**簡單式**、**進行式**、**完成式**及**完成進行式**等四種「**狀態**」。三種「時間」及四種「狀態」理論上能組合出**表 2-1** 中的十二種時態：

表 2-1 英文的各種時態

時間＼狀態	簡單式	進行式	完成式	完成進行式
現在式	現在簡單式	現在進行式	現在完成式	現在完成進行式
過去式	過去簡單式	過去進行式	過去完成式	過去完成進行式
未來式	未來簡單式	未來進行式	未來完成式	未來完成進行式

看到這麼多種時態組合，讀者鐵定大喊吃不消，所幸實際經常派上用場的只有粗體字標示的**現在 / 過去 / 未來簡單式、現在 / 過去 / 未來進行式、現在 / 過去完成式**及**現在完成進行式**等九種時態，我們將一一討論這些時態，剩下的三種時態在科技英文中相當罕見，所以我們不花費篇幅介紹，有興趣的讀者可以根據文法規則自行推演，或是參考其他專門討論英文文法的書籍。

 現在簡單式：主詞 + 動詞原形

現在簡單式經常被用來描述事實、真理、目前的狀態或習慣性動作，句中採用的動詞如果是 be 動詞，應根據主詞的人稱及單複數改寫成 am、is 或 are，請參考例句 (2.1-1) 及 (2.1-2)；如果動詞是一般動詞，基本上保持原形，但主詞是第三人稱單數時，動詞必須加上 s 或 es。我們將公式與例句中的對應的動詞畫上底線，方便讀者做比對，往後討論其他時態時亦然。例如：

    David works for a local LCD manufacturer.（陳述事實）   (2.2-1)
    大衛在本地的液晶顯示器廠上班。

    She often finds fault with others.（陳述習慣性動作）   (2.2-2)
    她經常挑別人的錯（找碴）。

上兩句的主詞都是第三人稱單數，所以動詞要加上 s。再看一句：

    【諺】Time and tide wait for no one.（陳述真理）   (2.2-3)
    時光與潮水不等人（感歎時光飛逝）。

此句的主詞 time and tide 不是單數，故本句之動詞 wait 不需要加上 s 或 es。

    【仿】我就讀於逢甲大學光電學系。   (2.2-4)

過去簡單式： 主詞 + 動詞過去式

如果是要描述過去的事實、狀態或習慣性動作，則應該使用過去簡單式。句中的動詞如果是 be 動詞，應根據主詞的人稱及單複數改寫成 was 或 were，例如：

 She was my girlfriend.（描述狀態） (2.2-5)
 她是我的女朋友。

如果動詞是一般動詞，則改寫成過去式，如例句 (2.1-8)，更多例子如下：

 We studied English for 4 hours per week in middle school. (2.2-6)
 我們國中時每週上四小時英文。

 I was sick yesterday and had to cancel an appointment. (2.2-7)
 我昨天病了，所以必須取消一個約會。

 【仿】他在 2008 年取得學士 / 碩士 / 博士學位。 (2.2-8)

值得注意的是，英文可以透過時態變化來傳達額外的訊息，例如 (2.2-5) 中雖然沒有提到現在，但讀者可以從句中使用過去式 was 而非現在式 is，推測兩人可能已經分手了。

 未來簡單式： 主詞 + will + 原形動詞

未來簡單式描述的是未來將發生的事件、狀態或動作，句中的動詞不論是 be 動詞或一般動詞，前面都要加上助動詞 will，相當於中文的「將、會」。例如：

 I will attend a conference in Hong Kong next month. (2.2-9)
 我下個月將參加在香港舉辦的一場會議。

When will you learn the lesson? (2.2-10)
你何時才會學到教訓？

There will be no school tomorrow because of bad weather. (2.2-11)
由於天氣狀況惡劣，明天停止上課。

現在 / 過去 / 未來進行式：主詞 + be + 動詞現在分詞

進行式是用來表示在某一時刻正在進行或繼續進行的事件或動作，句中的動詞要改寫成進行式，亦即寫成「be + 動詞 ing」的形式，此處的 be 扮演**時態助動詞**的角色，以斜體顯示代表它必須反應該事件或動作發生的時間是現在、過去或是未來，字尾加上 ing 的動詞則稱為動詞的**現在分詞 (present participle)**。

以現在進行式為例，be 必須按主詞的人稱及單複數寫成現代式，例如

They *are* preparing for their thesis oral defense. (2.2-12)
他們正在準備論文口試。

The pollution in the major cities of China *are* getting worse. (2.2-13)
中國大城市的污染問題日益惡化。

I *am* going to apply for the PhD program of MIT next year. (2.2-14)
我明年即將申請攻讀麻省理工學院的博士班。

【仿】他正在分析最新的實驗數據。 (2.2-15)

請注意，(2.2-14) 的「be going to」句型雖然形式上是現在進行式，但經常被當成未來式使用，而且語氣比採用 will 的未來簡單式句型更堅決肯定，有「即將、決定要」的意思，使用上經常會搭配未來的時間副詞。

如果是描述過去某時刻正在進行的過去進行式，be 要視人稱及單複數寫成過去式 was 或 were，例如：

> They *were* watching TV *at 7 o'clock last evening*. (2.2-16)
> 昨天傍晚七點時他們正在看電視。

請注意，既然是進行式，代表在某一個參考時間點上該事件正在進行。現在進行式的參考時間點就是當下、現在，在句子中往往省略不提，但對於過去進行式，句中通常得明確指出過去某一時刻做為參考時間點，(2.2-16) 中的「昨天傍晚七點」(斜體字) 就是一例。除了片語外，描述動作發生的時間副詞子句也可以用來指出參考時間點，例如：

> It *was raining* when we arrived at the conference hall. (2.2-17)
> 我們抵達會議廳時正在下雨。

> 【仿】今天早上地震發生時，你在做什麼？ (2.2-18)

同樣道理，未來進行式中的 be 必須變成「will be」，句中也常需要指出未來某一時刻做為參考點(以斜體字標示)，例如：

> *By this time next week*, I *will be taking* a holiday in Hawaii. (2.2-19)
> 下週此時我正在夏威夷渡假。

> Don't call me *after midnight*. I'*ll be* sleeping. (2.2-20)
> 午夜後別打電話給我，我會在睡覺。

> 【仿】明天早上十點我正在實驗室裡作實驗。 (2.2-21)

表 2-2 整理了 be 動詞在不同人稱及單複數下的三種時態變化，方便讀者比較。

表 2-2 be 動詞的時態變化

人稱 時態	第一人稱		第二人稱		第三人稱	
	I	we	you（單）	you（複）	he/she/it	they
現在式	am	are	are	are	is	are
過去式	was	were	were	were	was	were
過去分詞	been					

 現在 / 過去完成式： 主詞 + *have* + 動詞過去分詞

顧名思義，完成式是用來描述在某一時間點上已經完成的動作或經驗，句中的動詞要改寫成 have 加上動詞的**過去分詞 (past participle)**，其中的 have 是**時態助動詞**，以斜體標示是代表它必須因應發生的時間、人稱及單複數而寫成 have/has/had。例如：

I *have* finished all the required credits.【第一人單數現在完成式】　　(2.2-22)
我已經修完所有的必修學分了。

So far he *has* failed the exam twice.【第三人單數現在完成式】　　(2.2-23)
到目前為止，他已經有兩次考試沒通過。

【仿】近年來，LED 的效能已經被提升了 20%。　　(2.2-24)

完成式與進行式一樣都需要一個參考時間點，現在完成式的參考點就是現在，句中經常省略不提，但過去完成式多半得指出過去某一時刻做為參考點（以斜體字表示），例如

When *I arrived at the station*, the train had already left.　　(2.2-25)
當我抵達車站時，火車已經開走了。

【仿】到去年年底為止，他已經發表了 10 篇期刊論文。　　(2.2-26)

表 2-3 整理了 have 在不同人稱及單複數下的時態變化，方便讀者比較。

表 2-3 have 的時態變化

人稱 時態	第一人稱		第二人稱		第三人稱	
	I	we	you（單）	you（複）	he/she/it	they
現在式	have	have	have	have	has	have
過去式	had					
過去分詞	had					

現在完成進行式：主詞 + *have* + been + 動詞現在分詞

最後一種要探討的時態是現在完成進行式，它是用來描述已經執行而且現在還持續進行的動作。由於它是進行式，按前面介紹的文法規則，動詞應寫成「be + 動詞 ing」的形式，但它同時又是完成式，所以 be 要改寫成「have + been」的形式，兩者合起來就是「**have + been + 動詞 ing**」的形式。由於 been 及動詞 ing 已經用來表達狀態，只好靠 have 來反應時間。例如

  She *has* been living in Taichung for more than ten years. (2.2-27)
  她已經在台中住了超過十年。

上一句跟 She has lived in Taichung for more than ten years. 有何不同？差別在於現在完成式只描述到目前為止的狀況，不代表將繼續住下去，而現在完成進行式則明白表示居住的動作正在進行且會持續下去。

  I *have* been waiting for the bus for more than 20 minutes. (2.2-28)
  我等公車已經超過 20 分鐘了。（車還沒來，得繼續等）

  【仿】這個問題已經困擾科學家 10 年了。（尚未解決） (2.2-29)

依此類推，將「have + been + 動詞 ing」中的「have」改成「had」或是「will have」，就可以分別表示過去完成進行式及未來完成進行式。例如：

When Thomas Young performed that decisive experiment, physicits _had_ been _arguing_ about the nature of light for centuries.【過去完成進行式】 (2.2-30)
當 Thomsd Young 完成那個決定性實驗時，物理學家對於光的本質已經爭辯長達數世紀。

By the time you identify the problem, your rival _will have_ been working on the solution already. 【未來完成進行式】 (2.2-31)
等到你發現問題時，你的對手早已在尋找對策了。

我們已經在**表 2-2** 及**表 2-3** 看過 be 及 have 的原形、過去式及過去分詞等三種時態變化，接下來我們來討論一般動詞的時態變化。一般動詞的時態變化可分為規則變化及不規則變化兩種；對於規則變化者，現在分詞的基本規則就是原形加上 ing，而過去分詞就是原形加上 ed，不過實際執行的規則沒有那麼簡單，要看原形動詞的結尾是子音或母音做調整，甚至連重音放在哪一個音節都有影響。為了幫助讀者快速掌握時態變化規則，我們有系統地整理了**表 2-4**：

表 2-4　一般動詞時態變化之規則

原形	拼字特徵			變化規則	現在分詞 過去分詞
look	字尾依序為雙母音及子音			直接加 ing 直接加 ed	looking looked
stop	字尾依序為單母音及子音	單音節		重復子音再加 ing 重復子音再加 ed	stopping stopped
prefer		多音節	重音在末音節	重復子音再加 ing 重復子音再加 ed	preferring preferred
open			重音不在末音節	直接加 ing 直接加 ed	opening opened
start	字尾為雙子音			直接加 ing 直接加 ed	starting started
hope	字尾為 e			去 e 加 ing 只需加 d	hoping hoped
die	字尾為 ie			去 ie 加 ying 只需加 d	dying died
study	字尾依序為子音及 y			直接加 ing 去 y 加 ied	studying studied
play	字尾依序為母音及 y			直接加 ing 直接加 ed	playing played

第二章　英文的基本文法

表中所列規則有些複雜，不建議讀者死背規則，筆者個人偏好的作法是搞懂規則後，挑選具代表性的單字（例如**表 2-4** 第一欄的單字）做為範例記住，遇到其他動詞時再比照辦理。我們馬上來測試一下。

【隨堂練習 2.1】 **請寫出以下動詞的現在 / 過去分詞：**

lie（說謊）_____　　pick_____

count_____　　calculate_____

optimize_____　　apply_____

cancel_____　　reveal_____

record_____　　spy_____

答案請參考書末的「隨堂練習解答」，章末有更多的課後練習。

不幸的是，有很多動詞的三態變化是不規則的（或者說，遵循更複雜的變化規則），而且其中不乏許多常用到的動詞，例如 buy、catch、find、get、make、run、take、teach、understand 等，碰到這種情形，只好強記死背了。

上述各種時態變化已經相當複雜，若再加上前一節介紹的被動語態，文法規則恐怕讓人難以招架，但其實沒有想像中那麼困難。最簡單作法是先寫出被動態的簡單式，再加入時態變化。被動態的動詞公式是「**be + 動詞過去分詞**」，請注意，此處的動詞過去分詞是專門用來表示被動語態，不參與時態變化；時態變化只作用在 be 上面。例如舉行會議叫做 hold a meeting，「該會議將於明年八月舉行。」要怎麼寫？我們可以先將主動態改成被動態，再加上時態變化：

$$\text{hold（主動態）} \rightarrow \text{be held（被動態）} \rightarrow \text{will be held（未來被動）}$$

於是句子就變成

>　　The meeting will be held in next August.【未來簡單被動】　　(2.2-32)
>　　會議將於明年八月舉行。

以下是更多的例子：

He was dismissed by his employer last month.【過去簡單被動】　　(2.2-33)
他上個月被顧主解聘了。

The machine is being repaired.【現在進行被動】　　(2.2-34)
機器正在修理中。

The body of the victim has not been found yet.【現在完成被動】　　(2.2-35)
被害人的屍體至今尚未尋獲。

被動語態在科技英文中比在一般英文中更常出現，我們將在第五章中特別加以討論。

2.3　否定句、疑問句及間接敘述句

接下來我們要探討的是另外兩種語氣：**否定句**及**疑問句**，其中疑問句又可細分成「是非問句」及「Wh 問句」。否定句及疑問句都可以從肯定句衍生出來，句中的動詞必須隨語氣變化，而 be 動詞及一般動詞的變化規則不太一樣。一般動詞要用來表示否定句及疑問句時，通常得搭配助動詞使用，be 動詞則因本身帶有助動詞色彩，不需助動詞的輔助。

▶ 否定句

⊃ be 動詞：*be + not*

肯定句的動詞如果是 be 動詞，直接在 be 後加入 not 就能變成否定句，其中 be 動詞必須按照人稱及時態變化，規則與肯定句相同。例如：

She *is* not my type.　　(2.3-1)
他不是我的菜。

They _were_ not in Taipei at that time. (2.3-2)
我們當時不在台北。

有時句中的「be + not」是以縮寫的形式出現，例如 isn't、aren't、wasn't、weren't，但請注意 am not 沒有縮寫 (ain't 是口語，不在討論之列)。

⟳ 一般動詞：_助動詞_ + not + _動詞原形或分詞_

肯定句中的動詞如果是一般動詞，改寫成否定句時不能直接加入 not，而是要助動詞先行，然後在動詞與助動詞之間加入 not，而且助動詞得按照人稱、時態做調整。例如：

I _don't_ have a clue about this matter. 【現在式】 (2.3-3)
我對這件事一點頭緒也沒有。

此句為第一人稱現在式，動詞是 have，所以應加入的助動詞是 do；如果主詞是第三人稱單數，則助動詞應改用 does。如果句子的時態是過去式，助動詞 do 就要改成過去式 did。不論助動詞是 do/does/did，後面的動詞都要恢復原形。例如：

He _did_ not sleep well last night. 【第三人過去式】 (2.3-4)
他昨晚睡得不好。

對於進行式。或完成式的句子，句中本來就有時態助動詞 be 或 have，改寫成否定句時，直接在時態助動詞與動詞分詞之間加入 not 就行了。以進行式為例：

I _am_ not working on this case now. 【第一人現在進行式】 (2.3-5)
我現在並沒有在處理這個案子。

就是在助動詞 am 與動詞現在分詞 working 之間加入 not。同理，在完成式的助動詞 have 與動詞過去分詞間插入 not，就變成否定句：

I _haven't_ checked my e-mail account today. 【第一人現在完成式】 (2.3-6)

【仿】她尚未完成期末報告。 (2.3-7)

疑問句─是非問句

是非問句是指回答為 yes 或 no 的問句。是非問句可以由肯定句改寫而來，但改寫規則因句中的動詞是 be 動詞或一般動詞而異：

Be 動詞：

含 Be 動詞的肯定句要改寫成是非問句時，只需將 Be 動詞移至句首，並將句尾的句點改成問號，其餘不動。以下是以問答方式呈現的例子：

A: Was your supervisor picky? B: Yes, he was.　　　　　　　　　　(2.3-8)

【仿】A: 你是物理 / 電機系的大學生嗎？ B: 是的。　　　　　　　(2.3-9)

從否定句及疑問句的改寫規則來看，be 動詞雖然是動詞，但改寫方式卻類似助動詞，可以直接加 not 或移至句首。讀者若能記住這個性質，應該更容易掌握文法規則。

一般動詞：

含一般動詞的肯定句改寫成是非問句時，必須視主詞的人稱單複數在句首加上助動詞 Do/Does/Did，並將動詞變回原形，例如：

A: Do you have any spare money? B: Yes, I do. / No, I don't.　　　　(2.3-10)
A: Did he pass the qualifying/entrance exam? B: Yes, he did./No, he didn't.

(2.3-11)

【仿】A: 你昨晚有參加會議晚宴嗎？ B: 不，我沒有。　　　　　(2.3-12)

時態 / 情境助動詞：

含時態 / 情境助動詞的句子在改寫成疑問句時，要將助動詞移至句首。我們已經在第二節回顧進行式及完成式時介紹過時態助動詞 be 及 have，此處不再贅述，直接看例句：

A: <u>Are</u> you working for Prof. Smith? B: Yes, I am.　　　　　　　　(2.3-13)
A: 你為史密斯教授工作嗎？ B: 是的，我是。

A: <u>Have</u> you heard of the news? B: No, I haven't.　　　　　　　　(2.3-14)
A: 你聽到消息了嗎？ B: 不，我沒有。

【仿】他完成碩士 / 博士論文了沒？　　　　　　　　　　　　　　　　(2.3-15)

助動詞本身通常沒有意義，但情境助動詞（例如 can/could, may/might, shall/should must, ...）不然，它們可以帶各種意思。在寫成否定或疑問句時，它們的變化規則跟時態助動詞一樣。例如

➢ can / could: 有能力、可以（允許）、可能（推測）、請求

You <u>can't</u> use these instruments alone.（允許）　　　　　　　　　(2.3-16)
你不能單獨使用這些儀器。

How many languages <u>can</u> you speak?（能力）　　　　　　　　　　(2.3-17)
你能說幾種語言？

This <u>couldn't</u> be true.（可能）　　　　　　　　　　　　　　　　　(2.3-18)
這不可能是真的。

<u>Could</u> you pass me the salt, please?（請求）　　　　　　　　　　　(2.3-19)
請把鹽遞過來。

【仿】他們看起來很像，他們可能是一家人。 (2.3-20)

➢ may / might: 可以（請求）、可能（推測）

<u>May</u> I have your attention, please?（請求） (2.3-21)
各位請注意。（常做為開場白）

She <u>may</u> be right.（可能） (2.3-22)
她可能是對的。

【仿】我可以為你介紹我們的實驗室嗎？ (2.3-23)

請注意，may 與 be 如果連起來變成 maybe，那是另外一個字。maybe 是副詞，意思是「可能地」，切勿與 may be 混淆，也不能互相取代。

➢ shall / should: 應該（詢問）、可能（推測）

<u>Shall</u> I bring my laptop with me?（詢問） (2.3-24)
我該帶筆記型電腦去嗎？

He <u>should</u> be home by now.（推測） (2.3-25)
他現在應該到家了。

【仿】我為什麼要聽你的話？ (2.3-26)

➤ must: 必須（要求）、必然或極可能（推測）

You <u>must</u> not smoke indoor.（要求） (2.3-27)
你不准在室內抽煙。

You <u>must</u> be tired after this long trip.（推測） (2.3-28)
長途跋涉後，你一定累了。

以上情境助動詞都有「可能」的意思，但確定的程度不一樣。如果我們以 100% 來代表絕對確定，則它們的排序大致如下：

must (~90%) > should (~70%) > may (~50%) > can (~30%)

讀者可以利用底下練習句自我測試一下：

【仿】所有學生必須在週五前交出期末報告。 (2.3-29)

【仿】我們的時間不應該被浪費。 (2.3-30)

➤ 其他情境助動詞

He <u>need</u> not attend that ceremony. (2.3-31)
他不需要參加那個儀式。

You <u>had better</u> not bury your head in the sand. (2.3-32)
你最好不要逃避現實。

He <u>would rather</u> die <u>than</u> surrender to the enemy. (2.3-33)
他寧死也不願向敵人投降。

I <u>dare</u> not open this parcel. (2.3-34)
我不敢打開這個包裹。

You <u>ought to</u> read the instructions of the machine first. (2.3-35)
你應該要先讀過機器的操作指南。

▶ 疑問句 ── Wh 問句

另一大類型的疑問句是所謂的 Wh 問句，它們以 who（誰）、what（什麼）、where（哪裡）、when（何時）、why（為何）及 how（如何）做為句首，答案不再是簡單的 yes 或 no，而是得要按照問題回答特定的人、事、地點、時間、原因或方法等等。這些問句基本上是以 Wh 相關字取代肯定句中的一部份（以斜體字表示），再加以改寫，例如：

I live *in Taichung City* now. 我現居台中市。 (2.3-36)

將地點副詞 in Taichung City 以 where 取代後移至句首，再改寫成問句：

Where do you live now? 你現居何處？ (2.3-37)

又例如：

Mr. Smith was killed in the car incident. (2.3-38)
史密斯先生在車禍中喪生。

以 Who 取代主詞 Mr. Smith，就變成以下問句：

Who was killed in the car incident? 誰在車禍中喪生？ (2.3-39)

讀者可以發現，隨著句中被取代部份的詞性不同，改寫規則也不一樣，有些需要更動詞序，有些不然，所以我們必須分成兩大類來討論。

◯ Wh 相關字取代的是主詞

這是最簡單的情形，只需以 Wh 相關字直接置換主詞即可。由於主詞本來就位於句首，句子的順序不需調整。例如：

What happened? 發生什麼事？ (2.3-40)

What brings you here? 什麼風把你吹來了？ (2.3-41)

【仿】誰告訴你這個消息？ (2.3-42)

【仿】你的生日 / 結婚紀念日是哪一天？ (2.3-43)

◯ Wh 相關字取代的不是主詞

Wh 相關字取代的如果是句子的其他部份，例如時間 / 地點 / 方法 / 原因副詞、受詞或補語…等，我們必須將 Wh 相關字移至句首，同時將句子改寫成問句，改寫的方式比照是非問句，不過需注意此時句首是 Wh 相關字，所以 be 動詞或助動詞是放在主詞前、Wh 相關字之後。舉例來說，我們可以將含 be 動詞的直述句先改寫成是非問句：

That girl is Linda.（含 be 動詞）

→ Is that girl *Linda*?（be 動詞直接移至句首）

然後以 who 取代 Linda 後移至句首，就能得到 Wh 問句：

Who is that girl? 那個女孩是誰？ (2.3-44)

再看一個以 when 取代時間副詞的例子：

He came home at *11 o'clock* last night.（含一般動詞 came）

→ Did he come home *at 11 o'clock* last night?（先變成是非問句 --> 句首加助動詞 did，動詞恢復原形 --> 再以 when 代換時間副詞，並移至句首。）

→ *When* did he come home last night? 他昨晚幾點回到家？　　　　(2.3-45)

【仿】你何時會從研究所畢業？　　　　　　　　　　　　　　　(2.3-46)

如果句中本來就有時態助動詞或情境助動詞，則直接將它移至 Wh 相關字與主詞之間，例如：

Where *can* they be?（can 是情境助動詞）
他們會在哪裡呢？

Whom *has* he invited to the wedding?（has 是完成式的時態助動詞）
他邀請誰來婚禮了？

Why *are* you going to quit the job?（are 是進行式的時態助動詞）
你為什麼要辭職？

【仿】你在昨晚的派對中有看到誰？　　　　　　　　　　　　　(2.3-47)

【仿】她為什麼一定要對我這麼嚴厲？　　　　　　　　　　　　(2.3-48)

另外有兩種稍微不一樣的 Wh 句型，它們是 whose 及 how 後面緊接其他字詞句做為句首的問句，例如：

➢ (Whose + 名詞) 問句

Whose 是 who 的所有格，後面通常接著一個名詞，除此之外，以 whose 為句首的問句文法規則與其他 Wh 問句大同小異。例如：

Whose students failed the test?（主詞） (2.3-49)
誰的學生考試沒過？

Whose glasses did you find on the desk?（受詞） (2.3-50)
你在桌上發現誰的眼鏡？

Whose is this poster?（本身為代名詞，直接當主詞） (2.3-51)
這是誰的海報？

【仿】這項科學發現是根據誰的理論？ (2.3-52)

➢ (How + 形容詞 / 副詞) 問句

用來詢問程度的 how 問句，後面通常接著一個形容詞或副詞，它的文法規則也比照一般 Wh 問句。例如：

How old are you? 你年紀多大？ (2.3-53)

How often do you see a dentist? 你多久看一次牙醫？ (2.3-54)

【仿】（到目前為止）他已經遲到多久了？ (2.3-55)

【仿】你們實驗室多久開一次會？ (2.3-56)

當 How 用來問的是方法時，後面就不需要接形容詞或副詞，例如：

How did you come to school today? (2.3-57)
你今天怎麼來學校的？

▶ 間接敘述

間接敘述是指包含在其他句子中的句子，也就是「句中句」，此時句子可以分為主要的句子，以及被包含在主句中的子句（以斜體字表示）。例如：

They say ... + He has lived in Singapore for 3 years.
→ They say that *he has lived in Singapore for 3 years*. (2.3-58)
他們說他已經在新加坡居住三年了。

主要的句子是 They say ...，而 he has lived in Singapore for 3 years 的身份是子句，是 say 的受詞，即所謂的受詞子句。不只是直述句，問句也可以變成子句，包含在其他句子中。例如

I don't know... + When did she graduate from the college?
→ I don't know *when she graduated from the college*. (2.3-59)
我不知道她大學是何時畢業的。

請注意，此處的子句雖然看起來是問句型式，但並不是真的問句，因此動詞不需要像問句一樣改寫，只需遵守直述句的時態就行了，所以出現的是 she graduated 而非 did she graduate，這也說明了為什麼 (2.3-59) 是以句號而非問號結尾。事實上，一個句子是肯定句、否定句或是疑問句是由主句決定，與子句無關，所以子句一律以直述句的形式呈現。我們再看一個由否定式子句與問句式主句組成的例子：

Are you sure *that he won't come today?* (2.3-60)
你確定他今天不會來嗎？

【仿】你介意告訴我你幾歲嗎？ (2.3-61)

【仿】我們懷疑數據已經被修改過了。 (2.3-62)

在第四章討論各類型子句時，我們會看到更多的例子。

2.4 英文的基本句型

英文的句子有六種基本句型，不管句子再怎麼長，結構再怎麼複雜，萬變不離其宗，都是由這六種基本句型演化而來。科技英文由於天性使然，經常需要清楚交待各種前提、條件等邏輯關係，所以句中可能會穿插各種子句、片語及同位語等，搞得句子又臭又長，初學者往往需要加以拆解才能釐清句子的含意，這時候如果能掌握六大基本句型，對於拆解複雜的句子將有極大的助益。

▶ 基本句型 1：主詞 + 動詞

一個完整的英文句子至少要有主詞及動詞，所以這是最簡單的句型。例如：

The wind blows. 風在吹。 (2.4-1)
The probe tip vibrates. 探針針尖在顫動。 (2.4-2)
The vacuum chamber is cleaned. 真空室被清潔過了。 (2.4-3)

以上例句中的動詞本身帶有意義，足以表達完整的意思，而且使用的是不及物動詞或是動詞的被動式，因此沒有受詞。

▶ 基本句型 2：主詞 + 連繫動詞 + 主詞補語

在第二種句型中，主詞後面的動詞是連繫動詞，連繫動詞本身沒有明顯的意義，主要是用來帶出修飾主詞的補語，而補語可能是名詞或形容詞，例如：

【諺】Knowledge is power. 知識就是力量。　　　　　　　　　　　　(2.4-4)

【諺】Time is money. 時間就是金錢。　　　　　　　　　　　　　　(2.4-5)

Punctuality is important. 守時很重要。　　　　　　　　　　　　　(2.4-6)

Her face turned red. 她臉紅了。　　　　　　　　　　　　　　　　(2.4-7)

【仿】我的頭髮變稀少了。　　　　　　　　　　　　　　　　　　　(2.4-8)

▶ 基本句型 3：主詞 + 動詞 + 受詞

這種句型與第一種基本句型很類似，不同在於此處採用的動詞是及物動詞，所以後面要加受詞，例如：

We study Quantum Mechanics. 我們學習量子力學。　　　　　　　　(2.4-9)

此句的動詞是 study，它的受詞是後面的 Quantum Mechanics。再看一句：

He stopped smoking. 他停止抽煙。　　　　　　　　　　　　　　　(2.4-10)

此句的動詞是 stop，後面的受詞 smoking 是由動詞 smoke 變化而成的動名詞，指的是吸煙這個動作。讀者不妨試造一句：

第二章　英文的基本文法　41

【仿】冷卻改善元件的效能。 (2.4-11)

基本句型 4：主詞 + 被動式動詞 + by + 受詞

這類句型中的動詞為及物動詞的被動態，即 be 加上動詞的過去分詞，再由 by 帶出動作者，例如

Electrons are attracted by the nucleus. 電子受到原子核的吸引。 (2.4-12)

主詞電子 (electrons) 受到原子核 (nucleus) 的吸引。這句也可以改成主動態 The nucleus attracts the electrons，不過這樣重點就從電子轉移到原子核身上了。再看一句：

He was assigned that task by the committee. (2.4-13)
他被委員會指派了那項任務。

【仿】那名足球員被裁判驅逐出場。 (2.4-14)

基本句型 5：主詞 + 動詞 + 間接受詞 + 直接受詞

The sun gives us light and heat. 太陽給我們光和熱。 (2.4-15)

此句型中的動詞是及物動詞，後面一定要有受詞，不過此處的受詞可區分成**直接受詞**及**間接受詞**兩種，其中 light and heat 是太陽給出的東西，所以是 give 的直接受詞，太陽將 light and heat 給了我們，所以 us 是間接受詞。此句也可改寫成：

The sun gives light and heat to us. 太陽給我們光和熱。 (2.4-16)

上句中 us 之前要加入連繫詞 to，由此也可看出它是間接受詞。請試造一句：

【仿】他借給我一本關於半導體的書。 (2.4-17)

基本句型 6：主詞 + 動詞 + 受詞 + 受詞補語

受詞補語可以是形容詞、不定詞…等，顧名思義是用來修飾受詞。例如：

Laser makes holography possible.（形容詞） (2.4-18)
雷射讓全像術成為可能。

Constant practices help one to excel.（不定詞） (2.4-19)
練習不懈有助於精進。

She opened the window to let some fresh air in.（不定詞） (2.4-20)
她打開窗戶讓新鮮空氣進來。

【仿】他提高電子顯微鏡的電壓以改善影像解析度。 (2.4-21)

讀者請務必花一點時間熟悉以上六種基本句型，因為稍後我們將會利用這些句型，來拆解科技英文中最讓研究所學生頭痛的長難句。

課後習題 (Homework)

Chapter 2. 英文的基本文法

一、**動詞時態練習**：請寫出下列動詞的過去式、過去分詞及現在分詞

原形	過去式	過去分詞	現在分詞	原形	過去式	過去分詞	現在分詞
apply				announce			
begin				choose			
catch				delete			
claim				deposit			
deny				fight			
draw				forbid			
drive				join			
grow				lie			
hide				lose			
hold				open			
leave				possess			
mean				process			
meet				rise			
occur				succeed			
panic				subject			
prefer				submit			
put				teach			
reply				transmit			
seek				understand			
win				utilize			

二、句子時態練習：

(i) 請標示出英文題目中主句的主詞（圈起來）及其動詞（畫底線），並在句尾【　】內註明時態；

(ii) 再按 (a)、(b)…的提示改寫成符合時態的英文句子。

例：My (roomate) has finished all the required credits.【現在完成式】

1. He graduated from the college two years ago.【　　　】

    (a) 改成：我上次見到他時，他已經大學畢業兩年了。

    (b) 改成：到明年一月，他就已經大學畢業兩年了。

2. This machine will be repaired next month.【　　　】

    (a) 改成：到目前為止，這台機器已經被修理過幾次了？

    (b) 改成：由於當時這台機器正在修理，我被迫更換研究題目。

3. She hasn't completed the annual report.【　　　】

    (a) 改成：她會在本學年結束前完成年度報告嗎？

    (b) 改成：她上個月就已經完成年度報告了。

4. He has finished the task assigned by his thesis advisor.【　　　】

    (a) 改成：他總是準時完成指導教授指派的工作。

    (b) 改成：我昨晚離開實驗室時，他尚未完成指導教授指派的工作。

    (c) 改成：他下星期之前會完成指導教授指派的工作嗎？

5. He observed the surface of the sample with a microscope.【　　　】

    (a) 改成現在完成式是非問句。

    (b) 改成：昨晚停電時，他正在以顯微鏡觀察樣品的表面。

第二章　英文的基本文法　　45

6. The team is testing the new technique on other materials. 【   】

    (a) 改成未來式是非問句。

    (b) 改成現在完成式否定句。

7. The details of this research were published elsewhere. 【   】

    (a) 改成未來式問句。

    (b) 改成：這項研究的細節已經發表在另一篇學術論文中。

三、問句練習：請以指定的詞彙或片語為對象（答案），分別改寫成問句。

1. Einstein invented the theory of relativity at the beginning of 20th century.

    (a) Einstein

    (b) the theory of relativity

    (c) at the beginning of 20 century

2. Hydropower produces roughly 20% of the world's electricity.

    (a) Hydropower

    (b) 20%

3. Shuji Nakamura employed the GaN chips to create blue-light LEDs in 1990s.

    (a) Shuji Nakamura

    (b) the GaN chips

    (c) in 1990s

4. The phenomenon of total internal reflection has been known for more than 150 years.

   (a) total internal reflection

   (b) for more than 150 years

5. The first generation of fiber-optic communication systems operated at a bit rate of 45 Mb/s.

   (a) 45 Mb/s

   (b) at a bit rate of 45 Mb/s

   (c) first

6. An adaptive optics system removes image aberrations by adjusting optical surfaces in the optical train.

   (a) An adaptive optics system

   (b) by adjusting optical surfaces in the optical train

   (c) optical surfaces

7. James was cleaning the substrate with ethanol when the siren rang.

   (a) the substrate

   (b) cleaning the substrate with ethanol

   (c) ethanol

四、主被動語態及造句練習：請以畫底線部份為主詞，分別造句；若無底線，則請直接造句。

1. <u>太陽電池</u>能將太陽輻射直接轉換成電力。

2. <u>石化燃料</u>提供<u>超過全球 85% 的能源</u>。

3. <u>伽利略 (Galileo Galilei)</u> 在十七世紀初改良了<u>望遠鏡設計</u>。

4. <u>我的論文指導教授</u>催促我接手學長的工作。

5. <u>MIT 團隊</u>已經研發出<u>一種新方法</u>來擷取實驗數據。

6. <u>科學家</u>已經在雷射干涉儀 (laser interferometer) 的協助下觀察到了愛因斯坦預測的<u>重力波</u>。

7. A: 你已經寫完碩士 / 博士論文了嗎？

   B: 不，我還沒開始寫。

   A: 那你何時會開始？

   B: 等我的論文提案 (thesis proposal) 被接受之後。

第 3 章

科技英文詞彙的特點

科技英文由於內容專注在科技上，自然形成一些有別於一般英文的特色。在本章及下一章中，我們將從詞彙及文句兩方面來分析，讓讀者具體領會科技英文的特質。

3.1 科技詞彙的特質

▶ 科技詞彙出現的頻率低

如果針對所有的英文文獻進行統計，科技詞彙出現的頻率必然比一般詞彙來得低，這是因為科技人口在總人口中所佔的比例偏低，所以科技詞彙被使用的機會一定不如一般詞彙多，而且詞彙的專業性、技術性越高，出現的機率通常越低。例如以下是意思相近的三組詞彙，但左邊是報章雜誌上常見的一般詞彙，右邊則是在科技文獻外很少見到的專業詞彙：

- hole vs. aperture: 兩者都有「出口」的意思，但 aperture 專門用來指光學上的光圈或孔徑。
- align vs. collimate: 兩者都有「校準、對齊」的意思，但 collimate 在物理上是指準直。
- introduce vs. dope: 皆有「引入」之意，但 dope 專指在材料中摻入雜質，而 introduce 還有介紹、採用、提出等意思。

上述字組雖然意思相近，左邊的一般詞彙顯然比右邊的專業詞彙更常見。

有些字彙身兼科技詞彙與一般字彙兩種身份，例如 §1.2 中提到的 project，這類字彙雖然比較常見，但是在字典上的解釋往往不只一個，要選哪一個才對呢？

字典上的解釋是按照使用頻率的高低排序，越常用到的排在越前面。科技詞彙因為使

用的人少，通常會排在比較後面。以 project 一詞的解釋（圖 1-2）為例，做為「投射」比「計畫」更少見，所以排在第三順位。記住這個規則，將有助於挑選出正確的解釋。

我們再看個例子：

Researchers in Canada have seen tunable electroluminescence from lead sulphide (PbS) nanocrystals for the first time.

有學生直接將上句中的 lead 譯成「領導」，字典上確實有這個解釋，排序也很前面，但是讀者如果耐著性子繼續看其他解釋，會發現 lead 還可以指「鉛」，其實光看句子括號內的化學式就能判斷應該選「鉛」而非「領導」，而 lead sulphide 就是硫化鉛。事實上，lead 做為「領導」或「鉛」使用時，發音根本不一樣，它們可以視為外觀湊巧相同的兩個字。

動詞 reduce 也是常被誤解的一個字，它在一般科技文章中通常做為「降低」、「減少」之用，可是如果它出現在化學相關文章中，就要小心了，因為這個字可以指氧化還原反應中的「還原」。

由這些例子可以發現，我們在選擇字義時，務必要先檢查詞性，然後再根句前後文，從詞性正確的選項中挑出符合文意的解釋，如此一來就不會出現將 die technology 翻譯成「死亡技術」或「骰子技術」的離譜情況了（正確的意思是「沖模技術」）。

▶ 科技詞彙多半詞義專一

一般詞彙常為一詞多義，也就是一個詞彙有好幾個解釋，分別適用於不同的場合，例如動詞 make 可以有製造、達到、掙錢…等不同意義，通常要看前後文才能確定要選哪一個解釋。同一個詞彙後面搭配不同的字，也可能表示不同的意義，例如 look at（注視）、look after（照顧）、look for（尋找）、look into（調查）、look like（看似）

及 look on（觀望）的意思都不一樣。

相形之下，科技詞彙的解釋就狹隘得多，尤其是新造的詞多半為專一用途，例如 Laser（雷射）、tomography（斷層掃描術）、electroluminescence（電致發光）等。這一類二十世紀才誕生的科技名詞只有一種解釋，沒有第二種用法，而且通常字的長度越長，技術成份越高，專一性就越強，所以只要知道它們的含意，不太容易產生誤解。

當然，並非所有科技詞彙都是新創，也有些是借用舊有詞彙，例如第一章提過的 holograph 原本是指親筆文件，自從全像術於上世紀問世後，字典上便添加了這個新解釋；又例如 lithography 古早是指平板印刷術，但隨著科技進步它又多了新一個身份，代表在半導體領域中常用到的微影術。

多重身份易造成誤解

詞義專一的科技詞彙多半屬於較冷門的用字，因為不常見，加上詞義又專一，讀者辨識時出差錯的機會不高。最容易讓人搞混的反而是身兼科技詞彙的一般常見用字，前面提到的 lead 就是一例。Light 也是容易讓人弄錯的字，它當名詞用就是「光」，例如 visible light 是可見光，但 light 也可以當成形容詞，是輕盈的意思，light mass 不是「光的質量」，而是指「質量輕」。

另一個也很容易造成誤解的字是 current；理工背景的人看到這個字，第一個會聯想到的多半是電流 (electric current)。做為名詞，current 有「流動」的意思，current of public opinion 是指「大眾意見的流向」，亦即「民意所趨」。不過 current technology 可不是「電流技術」，此處的 current 是形容詞，意思是「現行的、通用的」，這個詞彙應該翻譯成「現行的技術」。那麼 current account 是什麼意思？讀者不妨猜猜看。

再看一個例子：cell 這個字以前單純是指「小室、小囚房」，自從十七世紀英國物

理學家虎克 (R. Hooke) 以這個字來描述顯微鏡下呈格子狀的軟木塞組織後，它就多了「細胞」這個解釋；義大利科學家伏打 (A. Volta) 發明電池後，cell 又添了一個身份，在電化學領域中當做「電池」用；二十世紀末邁入行動通訊時代後，cell 又成了手機 (cellular phone) 的簡稱。所以 bee cell 是指蜂巢中一格一格的蜂房，cell membrane 代表「細胞膜」，cell number 是指「手機號碼」，而 solar cell 則是指「太陽電池」，千萬不要翻譯成「太陽細胞」而鬧笑話哦！

下表列出幾個因為兼具一般身份而經常造成誤解的科技詞彙，有些字具有不同詞性（例如既是名詞，又是形容詞），所以有不同解釋；有些不單是具有不同詞性，而且光是一種詞性就有不同的解釋！此處採用的排序方式有別於一般字典，我們優先列出與科技相關的解釋。

表 3-1　經常被誤解的科技詞彙

詞彙	詞性	解釋	詞彙	詞性	解釋
second	名	秒	round	動	使圓滿
	形	第二的、次的		名	局、回合
	動	支持		形/副	圓的/環繞
sound	名	聲音、海灣	plant	名	工廠、植物
	動	響起、聽起來		動	種植、植入
	形	健全的	match	動	相配
light	名	光		名	比賽、火柴
	形	輕的、亮的	spring	名	彈簧
	動	點亮		名	春天、泉水
lead	名	鉛、引導	current	名	流動、趨勢
	動	引導		形	現行的

要判斷一個字彙屬於選哪一種詞性以及該選用哪一個解釋，必須連前後文一起看才行。讀者不妨嘗試底下的練習。

第三章　科技英文詞彙的特點　53

【隨堂練習 3-1】請指出下列片語或句子中加底線的字彙的意義：

- spring festival　　　　spring water　　　　spring constant
- power plant　　　　　tropical plant　　　　ion plating
- He arrived home safe and <u>sound</u>.
- <u>Like</u> poles of magnets repel each other.
- Semiconductors <u>like</u> silicon are crucial to the microelectronic industry.
- I don't <u>like</u> the <u>sound</u> he made.
- This rock is as <u>round</u> as a ball.
- The Earth turns <u>round</u> once a day.
- He made a fatal mistake during the <u>second</u> <u>round</u>.
- The measured time interval was <u>rounded</u> to <u>seconds</u>.

▶ 字典上可能找不到

遇到英文生字，通常查字典就能解決，但科技專有名詞就不一定了，主要原因是科技詞彙的使用頻率偏低，一般綜合性字典未必會收錄。閱讀科技英文時碰到不認識的名詞，字典上又查不到，怎麼辦？以下是幾種處理的方法：

◯ 1. 字典上雖然沒有那個字，但是有相關字

例一：字典上找不到 photonics 一詞，但是可以找到相關字 photon（光子），我們可以根據字尾變化的規則（在下一節中討論）斷定前者是後者的衍生字，並推測 photonics 是探討光子相關的學問，也就是「光子學」或「光電學」。

例二：字典上找不到 nanolithography，但這個字可以拆解成 nano- 及 lithography，兩者在字典上都找得到，意思分別是「奈米」及「微影術」，所以 nanolithography 合起來就是「奈米微影術」。

對策：試著變化字首或字尾，在字典前後附近找一找，看有沒有相關字。如果是合成字，試著拆解它，在字典上查出個別的意義，再合起來看。我們在下一節介紹英文字彙的衍生時，會做更詳細的討論。

2. 該字彙太過專業，一般字典不會收錄

科技英文經常會碰到各領域中非常專業的名詞，例如：exciton（激子）、photocatalyst（光觸媒）、adatom（吸附原子）、fullerene（富勒烯）…等，這些字彙太冷門了，普通人可能一輩子都不會用到，所以綜合性的一般字典沒興趣收錄，要在專業字典中才找得到它們。

對策：不同領域各有對應的專業字典，例如物理字典、電腦字典、材料字典…等，通常陳列在圖書館的參考書目區，多半只限館內使用，不得外借。

如果懶得跑圖書館，也可以利用線上字典／知識庫／百科全書來查詢。它們跟紙本字典一樣也分成綜合性與專業性兩大類。大型綜合性字典／知識庫／百科全書如 Dr.Eye 譯典通、維基百科、WordPedia 智慧藏百科網等，由於資料庫規模較大，有機會收錄較常出現的專業名詞，但太偏僻的專業術語還是在線上專業字典比較有機會查到。科學性的專業字典例如：國家教育研究院的「雙語詞彙、學術名詞暨詞書資訊網」(http://terms.naer.edu.tw/)、科學人雜誌的「科學小字典」(http://www.wordpedia.com/search/SA.aspx) 都是讀者可以求助的地方。

值得一提的是，隨著網路發達，許多人傾向利用各種網路搜尋引擎例如 Google、Yahoo!、Bing 及百度等來查詢，但查到的資料筆數如果太多，光是瀏覽過濾也要花上不少時間與精力。此外，由於資料來源缺乏嚴謹的篩選或審核機制，因此無法保證內容的正確性，這都是採用網路蒐尋時必須考量的因素。

3. 該字彙是剛誕生不久，字典尚未收錄

隨著科技日新月異，新的字彙伴隨新技術不斷生成，這些新詞有的尚未被廣泛採納，有的還沒有固定譯名，所以「來不及報戶口」，即使專業字典也還沒來得及收錄，例如 plasmonics、graphene…等都是直到最近幾年才收進字典中。

對策：術業有專攻，最好的作法是請教專長在該領域的專家學者，他們最清楚這類詞彙的起源及背景；其次，可以利用網路強大的蒐尋功能，尋找譯名及解釋等相關資料，不過要提醒大家，網路上的資料未必正確，很多是以訛傳訛，引用時必須注意來源的可信度。

3.2 科技詞彙的衍生

西方科技主要源自於希臘、羅馬文化，之後經歷教會時代，因此許多科技詞彙是由希臘文和拉丁文演化而來；例如物理學中的動量 (momentum) 就是拉丁文變身而來，原意是瞬間 (moment)，而微積分 (calculus) 在拉丁文中是指用來計算的「小石頭」。不過，本書的目的不是要探討語言學 (philology) 或字源學 (etymology)，我們不需要特別研究文字的起源或追溯字首字根，倒是該花一點時間了解英文字彙的衍生規則，原因是科技詞彙經常是透過現有詞彙衍生而來，若能掌握相關規則，不只有利於閱讀科技文獻，對於吸收科技詞彙也有實質的幫助。

科技詞彙最常見的衍生方式，是在原有詞彙 (稱為字根) 的前面或後面添加字，稱為加「前綴」(prefix，又稱字首) 或「後綴」(suffix，又稱字尾或尾碼)。前後綴通常必須依附字根存在，因此與字根有主從關係，例如圖 3-1 中的 telescope 是在 scope 前面加上 tele- 形成的衍生字，scope 指「以眼睛觀測的儀器」，而 tele- 有「遠距的」之意，兩者合起來就是「看遠處的儀器」，即「望遠鏡」；同理，shame 是「羞恥感」，-less 代表「缺乏」，衍生出的 shameless 為「無恥的」。

```
    從    前綴              字根    主
         ┌─────────────────────┐
         │   tele scope        │
         └─────────────────────┘
    主    字根              後綴    從
         ┌─────────────────────┐
         │   shame less        │
         └─────────────────────┘
   領域                       技術
  主/從?                      主/從?
         ┌─────────────────────┐
         │  electro magnetic   │
         └─────────────────────┘
```

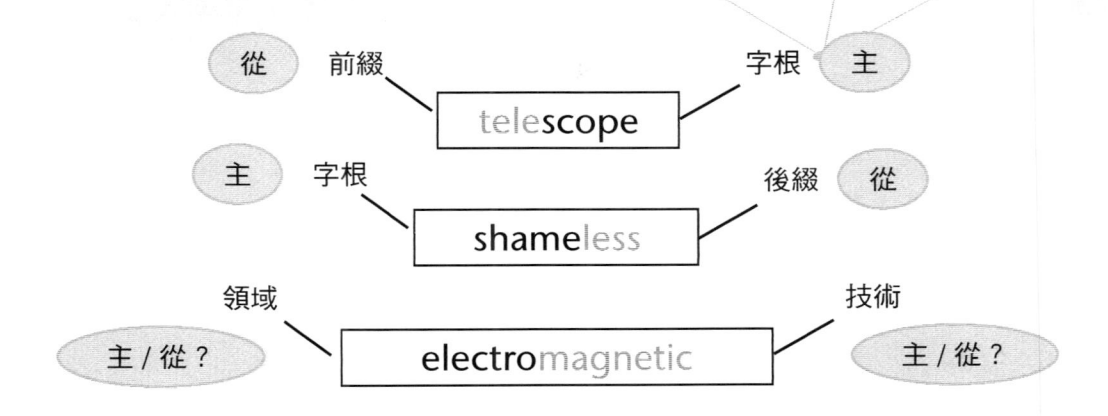

圖 3-1　加前後綴或組成複合字來衍生字彙

另一種衍生方法是將兩個重要性差不多的字彙合併，像化合物一樣形成「複合字」，如圖 3-1 的 electromagnetic 是 electro-（與電相關的）與 magnetic（磁性的）所組成，「電」與「磁」的地位不分軒輊，沒有明確的主從關係，兩者合併後的意思是「電磁的」。

讀者一旦了解前綴、後綴及複合字的規則及意義，相當於將自己原本就認識的字彙數目放大好幾倍，絕對有利於科技英文的學習。

以下我們將根據前後綴的詞性及意義，分成幾大類來討論。

▶ 前綴 (prefix)

◯ 代表數量級或倍數的前綴

- centi-、milli-、nano-、femto-、pico-、kilo-、mega-、tera-, ...：這些表示數量級的前綴詞都是十的冪次方，有些數值很大，有些很小，後面常跟著各種度量衡單位，目的是用來變換單位的大小。例如 kilo- 代表「千」（即 10^3），將它加到公克 (gram) 前，就變成仟克，也就是公斤 (kilogram)；將代表「百萬」（即 10^6）的 mega-，加到位元組 (byte) 之前，就成了百萬位元組

(megabyte)。使用上，數量級前綴與單位經常以縮寫形式出現，我們將在下一節中透過表格有系統地介紹更多的單位前綴及其縮寫符號。

- uni-/mono-（單一的）、bi-/di-（雙的）、tri-（三的）、quad-/quar-/tetra-（四的）、penta-/quin-（五的）、hexa-/sex-（六的）、octa-（八的）、deci-（十的）、dodeca-（十二的）、hexadeca-（十六的）…：這些前綴都與倍數有關，例如 unisexual（單一性別的）、monochromatic（單色/單頻的），bilingual（雙語的）、dipolar（雙極的），triangle（三角形），quartet（四重奏/唱），quadruple（四倍或四重的），pentagon（五邊形），hexagonal（六角的），sextant（六分儀）、octopus（八角怪，即章魚），decimal（十進位的），dodecahedron（十二面體），…依此類推。

- multi-：代表「多種的」。例如 multiple（多樣的）、multimedia（多媒體）。

表示相同或相異的前綴

- homo- 及 hetero-：分別代表「相同的」及「相異的」。例如 homosexual（同性的）及 hetero-structure（異質結構）。

- iso-/equi-：代表「相同、均等的」，例如 isothermal（等溫的）、isotropic（均向的）、equidistance（等距離的）、equilateral（等邊的）。

反應尺度、大小或規模的前綴

- micro-：意思是「微小的」，例如 microscope 是顯微鏡，在電子學 (electronics) 前加上 micro- 就變成微電子學 (microelectronics)，同理，microfluid 就是微流體。請注意，這個前綴同時也是數量級前綴，代表百萬分之一。

- macro- 及 meso-：分別是「巨大的」及「中間的」，例如 macroscopic 為巨觀/宏觀的，macroeconomics 是指宏觀經濟學，mesosphere 是大氣層的中氣層，meso-physics 指介於古典及量子物理之間的介觀物理。

- mini- 及 maxi-：分別代表「微小的、迷你的」及「最大的」，例如 miniature（微型物）、miniskirt（迷你裙）、maximum（最大值）。

代表否定意義的前綴

以下的前綴有「非 / 不 / 無 / 未 / 消 / 抗 / 反 / 逆 / 脫 / 去 / 失 / 缺」之意：

- a-/an-：aperiodic（非週期的）、achromatic（消色差的）、asymmetric（不對稱的）、anisotropic（非均向的）、anharmonic（不和諧的）。

- anti-：有「反抗」的意思，例如 antisymmetric（反對稱的）、antireflection（抗反射）、antibody（抗體）。

- mis-：有「錯、不當」的意思，例如 mistake（錯誤）、mislead（誤導）、misfortune（不幸）。

- counter-/contra-：有「反抗」的意思，例如 counterclockwise（逆時針）、counteraction（反作用）、contrast（對比）、contradict（反對）、contraflow（逆流）。

- de-/dis-：有「去除」的意思，例如 deform（變形）、dehydration（脫水）、disorder（無序）、discharge（放電）、discontinuity（不連續）。

- non-/un-：nonlinear（非線性的）、nonuniform（不均勻的）、nonconducting（不導電的）、unknown（未知的）、unbalance（不平衡的）、unconvincing（無說服力、難以置信的）。

- il-、in-、im-、ir-：illogical（不合邏輯的）、illegal（非法的）、inorganic（無機的）、impurity（雜質）、immature（不成熟的）、irregular（不規則的）、irreversible（不可逆的）。

這幾個前綴的使用規則如下：字根的第一個字母如果是 l 及 r，前綴分別接 il- 及 -ir，其餘字根一般接 in-，但如果是以 b, p 及 m 開頭，則因為發音的緣故改接 im-。

用來指具體或抽象相對位置的前綴

此處所謂的相對位置可以是空間的上下左右內外關係，也可以指時間的先後順序：

- ab-：代表「偏離」之意，例如 abnormal（不正常）、absence（缺席）、abuse（濫用）。

- in-、ex-：分別代表「在…之內」及「在…之外」，例如 inside、internal（內部的）、incorporate（包含、併入）、external（外部的）、exclude（排除）等。

- over-、under-：分別表示「在…之上、超過」及「在…之下、次於」，例如 overestimate（高估）、overnight（跨夜的）、underground（地下的）、underlying（底下、潛藏的）、undergraduate（大學生）。

- super-、hyper-：表示「在…之上」或「超級」，但 hyper- 在程度上超過 super-，例如 superfluid（超流體）、hyperspace（超空間）。

- inter-：表示「在…之間」，例如 interchange（交換）、intermediate（中等的）、interaction（交互作用）、intercellular（細胞間）。

- intro-/intra-：表示「在…之內」或「向內」，例如 introduce（引入）、introspect（內省）、intraparty（黨內的）、intracellular（細胞內的）。請留意 intercellular 及 intracellular 的差別。

- infra-：表示「在…之下」或「在內」，例如 infrared（紅外光的）、infrastructure（公共建設）等。

- extra-/ultra-：表示「在…之外」或「超出」，例如 extraordinary（異常的）、extraterrestrial（地球外的）、ultraviolet（紫外光）、ultrathin（超薄的）。

- pre/pro-、re-/post-：分別表示「在…之前」及「在…之後」，例如 precaution（預防）、preliminary（最初的）、proactive（主動的）、regenerate（重製）、react（反應）、postpone（延期）、postdoctoral（博士後的）。

- dia-/trans-：表示「橫過、穿過」，例如 diameter（直徑）、diagonal（對角線）、transform（使變換）、transparent（透明）、transport（運送）。
- quasi-、semi-：分別表示「類似、準的」及「半的、部份的」，例如 quasimolecule（準分子）、quasicrystal（準晶）、semiconductor（半導體）、semifinal（準決賽）。
- sub-：表示「在…之下、次於」之意，例如 submarine（潛水艇）、subwavelength（次波長，即比波長還短）、subtropical（亞熱帶的）。
- meta-：表示「超越、更高層次」的意思，例如 metaphysics（形上學）、meta-analysis（統合分析）、meta-material（超穎材料）。
- proto-：代表「最初、原始」的意思，例如 prototype（原型）、protocol（協議書、草案）。

讓名詞或形容詞變成動詞的前綴

- en-/ em-/ in-/im-：表示「使…成為」，例如 enable（使…能夠）、enlarge（擴大）、employ（雇用）、embody（具體化）、inform（通知）、inhabit（居住）、implant（植入）、immigrate（移民）等。

後綴 (suffix)

與儀器、技術相關的後綴

- -meter：代表某種「儀器」或「計」，例如 thermometer（溫度計）、odometer（里程計）、radiometer（輻射計）、spectrometer（光譜儀）等。
- -scope：代表「觀察用之儀器」，例如 microscope（顯微鏡）、telescope（望遠鏡）、stethoscope（聽診器）、kaleidoscope（萬花筒）等。

- -scopy：代表「觀察、檢查之技術」，例如 spectroscopy（光譜術）、microscopy（顯微術）、telescopy（望遠術）等。

- -graphy：代表「以圖案記錄之技術」，例如 geography（地理學）、photography（攝影術）、tomography（斷層攝影術）等。

表示學術、領域的後綴

- -logy：代表「⋯學說」，例如：biology（生物學）、technology（工藝學、技術）、geology（地質學）、terminology（術語學）、ecology（生態學）等。

- -ics：代表「⋯學」，例如：mechanics（力學）、optics（光學）、electronics（電子學）、photonics（光子學）、acoustics（聲學）、chromatics（色彩學）等。

- -ism：代表「主義」、「學說」之意，例如：magnetism（磁學）、mechanism（機械裝置、機制）、capitalism（資本主義）、feminism（女性主義）等。

表示職業、實行者或參與者的後綴

- -ist：通常學術或技術成份比較重，所以多翻譯成「⋯家」，例如：physicist（物理學家）、artist（藝術家）、chemist（化學家）、socialist（社會主義者）等。

- -or/-er/-ier：例如 visitor（訪客）、conductor（指揮、車掌）、writer（作家）、photographer（攝影師）、cashier（出納員）、glazier（玻璃工人）。

請注意 -or/-er 不只能描述人，有時也可以指執行所需的工具，例如 calculator（計算者、計算機）、marker（馬克筆、記錄員、記錄裝置）。

另外還有一些後綴的作用是衍生出名詞或形容詞，用來描述行為、狀態及特徵，例如：

◯ 表示行為、性質、狀態等抽象概念名詞的後綴有 –ance/-ence, -ity, -ment, -ness, -sion/-tion, -ure, -um 等。例如：

resist → resistance	exist → existence
radiate → radiation	pollute → pollution
uniform → uniformity	humid → humidity
collide → collision	emit → emission
enhance → enhancement	thick → thickness
expose → exposure	equal → equillibrium

◯ 表示某種性質的或特徵的形容詞後綴有 –ful, -able/-ible, -ant/-ent, -al/-ial, -ac/-ic, -ive, -ous, -ish, -ary/-ory 等。例如：

use → useful	pity → pitiful
adjust → adjustable	predict → predictable
flex → flexible	neglect → negligible
resist → resistant	persist → persistent
center → central	sphere → spherical
zone → zonal	analyze → analytic
luminance → luminous	Instant → instantaneous
radiate → radiative	select → selective
self → selfish	fool → foolish
element → elementary	introduce → introductory

帶有否定意義的形容詞後綴

- -less：代表「無／缺乏」的意思，例如 wireless（無線的）、stainless（無瑕、不鏽的）、noiseless（無聲的）、countless（數不盡的）等。

使名詞或形容詞變成動詞的後綴

有些是直接加在字尾（例如 -en），有些是將字尾做變化（例如 -ize 及 -ify）。

- -en：表示「變為…」，例如 widen（變寬）、strengthen（強化）、heighten（增高）、broaden（擴大）、quicken（加快）等。

- -ize（英式為 -ise）：表示「使成為…」，例如 realize（使成真、實現）、optimize（最佳化、優化）、generalize（泛論）、synthesize（合成）等。

- -ify：表示「使…化」，例如 amplify（放大）、purify（純化）、simplify（簡單化）、identify（識別、鑑定）、classify（分類、將…分級）。

有些前後綴乍看之下意思好像差不多，其實不然；例如前綴 de- 與後綴 -less 都有否定的作用，但 -less 只是「缺乏」，dis- 還進一步到「去除」的程度，負面效果更強，所以 tasteless 及 ditasteful 雖然都是由同一字根 taste 衍生而來，但 tasteless 只是「沒味道的、平庸的」，而 distasteful 則是指「品味低下、令人厭惡的」，兩個字的意思並不相同。

同理，前綴 dis- 及 un- 的作用也不太一樣，例如 disable 是動詞，意思是「使失去能力、使傷殘」，而 unable 是形容詞，是指「無能力的、不能的」，兩者不只詞性不同，意義上也有落差。

看完了以上說明，讀者們，你們現在能分辨 uninterested 與 disinterested 的差別了嗎？

複合字

科技詞彙另一種常見的衍生方式是由兩個以上的字結合成新字，即所謂的複合字。它跟前面提到的前後綴有什麼不同？不論是前綴或後綴都是以附屬的身份，附加到一個主要的字彙上，我們可以輕易區分出主從地位，例如望遠鏡 telescope 這個字，tele- 是做為前綴附加到 scope 上；複合字則是由地位相近的數個字結合而成，例如 electromagnetic（電磁的）是由 electro-（電）與 magnetism（磁）組合而成，電與磁的貢獻旗鼓相當。

有些書把這類複合字視為加上與成份相關的前綴，也不無道理。接下來我們就根據複合字前半部的意義加以分別討論。例如：

- hydro-：代表「水的」、「氫的」之意。例如 hydrolysis（水解）、hydrocarbon（碳氫化合物）、hydropower（水力）等。

- physio-：表示「物理的」意思，例如 physiotherapy（物理治法）、physiochemical（物理化學的）。

- chemi-/chemo-：表示「化學的」意思，例如 chemotherapy（化學療法）、chemiosmosis（化學滲透）。

- electro-：表示「電的」意思，例如 electromagnetic（電磁的）、electrochemistry（電化學）、electro-luminescence（電致發光）等。

- photo-：代表「光的」意思。例如 photolithography（光微影術）、photoelasticity（光彈性）、photocatalyst（光觸媒）等。

其他領域相關的字首還有 thermo- 代表「熱的」，aero- 代表「空氣、氣體的」，aqua- 代表「水、液體的」，bio- 代表「生物的」，eco- 代表「生態、環境的」，geo- 代表「地球、土地的」，gyro- 代表「旋轉的」，neuro- 「神經的」，psycho- 「心理、精神的」，seism- 「地震的」、techno- 「技術、工藝的」等，依此類推。

讀者可以根據上述複合字規則，測試一下是否能猜出這些字的意義：

【隨堂練習 3-2】

biodiversity = _____   aerography = _____

ecofriendly = _____   geothermal = _____

aqualung = _____   neurological = _____

electrophoresis = _____ photosynthesis = _____

biomedical = _____   gyroscope = _____

psychoanalysis = _____   seismoastronomy = _____

還有一類複合字（也有人視為後綴的一種）是在名詞的字尾加上特定形容詞，衍生出一個與該名詞相關的形容詞，例如在「水」(water) 後加上「不能穿透的」(proof)，就變成「防水的」(water-proof)。底下是科技文章中常見的這類複合字：

- -proof：有「防、耐、抗」之意，例如 waterproof（防水的）、sound-proof（隔音的）、bulletproof（防彈的）。

- -tight：有「密封、不漏」之意，例如 air-tight（不透氣／氣密的）、liquid-tight（不透液的）。

- -free：有「無、免除」之意，例如 oxygen-free（不含氧的）、defect-free（無缺陷的）、dutyfree（免稅的）。

- -resistant：有「耐、抵抗」之意，例如 heat-resistant（耐熱的）、acid-resistant（抗酸的）。

- -philic：有「喜歡、親近…」之意，例如 hydrophilic（親水性的）、lipophilic（親脂的）(lip- 為「脂肪的」)。若連接的是 -phile，則變成名詞，例如 Japanophile（親日派、哈日族）。

- -phobic：與 -philic 正好相反，為「討厭、抗拒…」之意的名詞 / 形容詞後綴，例如 hydrophobic（拒 / 恐水的）、acrophobic（懼高的）。若連接的是 -phobia，則變成名詞，例如 claustrophobia（空間幽閉恐懼症），而 phobia 本身就是指恐懼症。

讀者只要瞭解透過加前後綴及組成複合字的方式來衍生新字的方法，就能立即有效地擴大自己目前掌握的字庫規模。

3.3 縮寫、科學符號及表示法

▶ 專業名詞的縮寫 (Acronyms)

不論是以衍生或複合方式產生的科技詞彙，或是由數個單字組成的專業名詞，長度可不短，書寫起來相當費事，科技界為求方便經常取各個字的字首組成縮寫，例如雷射的原文是 Light Amplification by the Stimulated Emission of Radiation，取關鍵字的大寫字首組合起來就形成 LASER。又如業界常採用的標準作業程序 (SOP) 是 Standard Operating Procedure 的縮寫。一個字彙的縮寫如果經常被使用，一段時日後就可能會被視為一個獨立的單字，甚至可以用小寫表示，laser 就是一例，現在每本字典上都可以找到這個字以小寫形式出現，與一般詞彙無異。

不同的科技領域各有其專業名詞的縮寫，有些縮寫同時存在於不同領域中，但是代表完全不同的意思，例如 D.C. 在電學中代表直流電 (direct current)，但在金融業卻是指直接貸款 (direct credit)，而搞政治的人聯想到的可能是美國首都華盛頓特區 (Washington, D.C.)。所以要解讀縮寫詞彙時，一定要根據前後文把領域考慮進去，才不會出現張冠李戴的情形。

由於科技涵蓋的領域太廣，我們無法在此一一介紹各領域專有名詞的縮寫。此處我們感興趣的是，在閱讀科技英文時碰到專有名詞的縮寫，要如何找出它的完整原形。以下介紹幾種方法：

⮌ 運用現有知識聯想：

讀者的專業知識越豐富，對科技詞彙越嫻熟，越容易透過比較及聯想推敲出縮寫的原形。舉例來說，熟悉半導體領域的人都知道 MOS 是指金屬-氧化物-半導體 (metal oxide semiconductor)，如果同時也知道 CVD 代表化學氣相沉積法 (chemical vapor deposition)，則不難聯想 MOCVD 是指金屬氧化物化學氣相沉積法。另外，既然知道 CVD 中的 C 代表「化學的」，應該很容易猜到 PVD 中的 P 是指「物理的」，所以 PVD 就是指物理氣相沉積法 (physical vapor deposition)。

又例如，假設讀者原本就知道 TEM 及 SPM 分別是指穿透式電子顯微鏡 (Transmission Electron Microscope) 及掃描式探針顯微鏡 (Scanning Probe Microscope)，應該不難推測 SEM 是指掃描式電子顯微鏡 (Scanning Electron Microscope)。

⮌ 由前後文來判斷：

縮寫既然出現在句子中，跟前後文必定有關連，所以可以由前後文的文義來推測其意。尤其科技英文經常在句子中使用片語、子句或同位語等結構來說明或修飾關鍵名詞，這也提供了判斷的重要依據。例如：

> LEDs, *the devices in which electrons and holes recombine to emit light,* could be used in any situations where light bulbs and fluorescent strips are used today, offering significant savings in electricity consumption.

假設讀者不知道 LED 是什麼的縮寫，單從後面它能取代電燈泡及日光燈以節省耗電的敘述，大概也能猜到它是指新興光源發光二極體 (light-emitting diode)，如果再加上

逗點間的同位語（以斜體字表示）說明發光的原理是靠電子與電洞復合，就更能確定它的身份了。

查專業字典或書籍

對於較常用的專有名詞縮寫，例如液晶顯示器 (Liquid Crystal Display, LCD)、積體電路 (Integrated Circuit, IC) 或去氧核醣核酸 (Deoxyribonucleic Acid, DNA)，字典上或許能直接找到，版本較新的百科全書或大辭典也會收納部份科技名詞的縮寫，但對於非常專業的縮寫，我們就得求救於專業字典。關於專業字典，請參考 §3.1 的討論。

除了字典之外，專業書籍後面的名詞索引 (index) 也可用來查詢專有名詞的縮寫。當然，讀者得先確認該縮寫是屬於哪一個領域，才知道往哪方面去找書，不過對於研究生來說，大部份情況是針對自己專攻的領域，所以不難找到可用之書。正因為專有名詞的縮寫會造成閱讀上的困難，製作較嚴謹的科技專書除了在書末提供名詞索引 (index) 外，通常還附有「名詞縮寫對照表」(acronym) 供讀者查對。理想上，科技相關的碩博士論文也應該附上這樣一張對照表，結構才算完整。

在撰寫或翻譯科技文章時，如果要採用某一名詞的縮寫，除非該縮寫已經是大家耳熟能詳（例如 CD 或 USA），或是該縮寫本身已演化成一個新字（例如 laser），否則第一次出現時，應該在中文名稱後面的括弧中寫出完整的英文名稱，再附上其縮寫，例如：「…研究人員採用分子束磊晶法 (molecular beam epitaxy, MBE) 在矽基板上製作…」，之後該名詞再次出現時就可以直接以採用縮寫。

共用的科技詞彙縮寫

有兩種縮寫不僅常見，而且為各領域所共用，那就是度量衡單位及數量級的縮寫。度量衡單位縮寫是指長度、質量、體積、能量…等各種物理量單位的縮寫，例如長度單位公尺 (meter) 的縮寫為 m，質量單位公斤 (kilogram) 的縮寫為 kg。因篇幅有限，**表 3-2** 只列出科技英文中較常見的度量衡單位縮寫，讀者如果需要更詳盡的資料，可以查閱普通物理課本（通常在封面或封底內側以表格呈現）。

表 3-2 常見的度量衡縮寫或符號

縮寫	英文	中文	縮寫	英文	中文	縮寫	英文	中文
\multicolumn{3}{長度 (length)}	\multicolumn{3}{體積 (volume)}	\multicolumn{3}{功率 (power)}
m	meter	公尺	L	liter	升	W	watt	瓦
in	inch	英吋	gal	gallon	加侖	hp	horsepower	馬力
ft	foot	英尺	\multicolumn{3}{力 (force)}	\multicolumn{3}{壓力 (pressure)}
mi	mile	英里	N	newton	牛頓	atm	atmosphere	大氣壓
ly	lightyear	光年	lb	pound	磅	Pa	pascal	巴
\multicolumn{3}{質量 (mass)}	\multicolumn{3}{能量 (energy)}	\multicolumn{3}{其他 (others)}
g	gram	公克	J	joule	焦耳	A	ampere	安培
\multicolumn{3}{時間 (time)}	cal	calorie	卡	V	volt	伏特
s	second	秒	eV	electron volt	電子伏特	Ω	ohm	歐姆
min	minute	分	kWh	kilowatthour	仟瓦小時	F	farad	法拉
\multicolumn{3}{電荷 (charge)}	\multicolumn{3}{頻率 (frequency)}	T	telsa	特斯拉
C	coulomb	庫倫	Hz	hertz	赫茲	G	gauss	高斯

其中需要特別注意的是**光年 (ly)** 以及**仟瓦小時 (kWh)**。很多人誤以為光年是時間單位，其實它是長度單位，代表光在真空中行走一年的距離，大約是 9.5×10^{15} 公尺。仟瓦小時不是功率單位，而是能量單位，電力公司收電費就是以它來計價；1 kWh 相當於 360 萬焦耳或 860 仟卡。

科技領域中要表達的數字有可能很大或是很小，為了免除在小數點之前或之後寫一大串零的麻煩，經常會採用**科學表示法 (scientific notation)**，也就是寫成一個大於 1 小於 10 的數字乘上 10 的冪次方。例如光速大約是每秒 3 億公尺，如果不想在 3 後面加上八個 0，可以寫成 3.0×10^8 m/s。

另一種簡化的辦法是變換單位數量級,例如長鍊狀的 DNA 分子鏈半徑大約是十億分之一公尺,也就是 0.000000001 m,如果以奈米 (nano-meter, nm) 來表示,立刻可以少寫九個零,變成 1 nm,此處的 n 是 nano 的縮寫,意思是十億分之一,所以 1 nm 就是 10^{-9} m。又例如微秒 (micro-second, μs) 中的 μ 是 micro- 的縮寫,代表百萬分之一,所以 1 μs 相當於 10^{-6} s。

上述的**單位前綴 (metric prefixes)** 在科技文獻(尤其是學術論文)中十分常見,我們在下表中詳列了單位前綴的縮寫及其代表的倍率,讀者有必要熟悉一下,才不會因為解讀錯誤而影響到研究的正確性。它們的完整唸法請參考表中的英文拼音,它們的縮寫則可以直接按照字面唸。

表 3-3 單位前綴縮寫對照表

縮寫	唸法	數值	縮寫	唸法	數值
d	deci-	10^{-1}	D	deca-	10^{1}
c	centi-	10^{-2}	H	hecto-	10^{2}
m	mili-	10^{-3}	K	kilo-	10^{3}
μ	micro-	10^{-6}	M	mega-	10^{6}
n	nano-	10^{-9}	G	giga-	10^{9}
p	pico-	10^{-12}	T	tera-	10^{12}
f	femto-	10^{-15}	P	peta-	10^{15}
a	atto-	10^{-18}	E	exa-	10^{18}
z	zepto-	10^{-21}	Z	zetta-	10^{21}
y	yocto-	10^{-24}	Y	yotta-	10^{24}

科技英文中使用的單位基本上是**表 3-2** 及**表 3-3** 的結合，底下試舉幾個常見的例子，供讀者參考：

表 3-4 科學單位縮寫範例

縮寫	原形	中文譯名	說明
Kcal	kilo-calorie	仟卡、大卡	10^3 卡
mW	mili-watt	毫瓦	10^{-3} 瓦，或千分之一瓦
fs	femto-second	飛秒	10-15 秒
THz	tera-hertz	兆赫	10^9 赫茲，或十億赫茲
μA	micro-ampere	微安培	10^{-6} 安培，或百萬分之一安培

另外，常見的濃度單位縮寫如 p. p. m. (parts per million)，意思是百萬分之一，5 p. p. m. 即每百萬個中有 5 個，依此類推，p. p. b. 就是 parts per billion，即每十億中有多少個。不過 r. p. m. 可是跟濃度無關，它的原文是 revolves per minute，也就是每分鐘轉幾圈，是轉速或角速度的單位。

科學符號及數學表示式

科技領域習慣以符號來代表各種物理量、變數、參數或運算等等，這些符號可能是英文字母、縮寫或希臘字母，例如物理上經常用 ρ 代表密度，以 λ 表示波長，以 Ω 代表電阻的單位歐姆 (ohm)；數學上經常用 θ 代表角度，π 代表圓周率，而 Σ 表示累加或總和 (summation)。一般人從中學就開始接觸這類符號，因此在閱讀及書寫上問題不大，但要唸出來就有困難了。很多研究生甚至於老師從來沒有搞清楚希臘字母怎麼唸，等到參加國際會議站上報告台時才擔心唸錯而忐忑不安。**表 3-5** 是希臘大小寫字母及其發音對照表，請讀者務必釐清每個字母的唸法。

表 3-5 希臘字母及發音對照表

大寫	小寫	讀音	大寫	小寫	讀音	大寫	小寫	讀音
A	α	Alpha	I	ι	Iota	P	ρ	Rho
B	β	Beta	K	κ	Kappa	Σ	σ	Sigma
Γ	γ	Gamma	Λ	λ	Lambda	T	τ	Tau
Δ	δ	Delta	M	μ	Mu	Y	υ	Upsilon
E	ε	Epsilon	N	ν	Nu	Φ	φ	Phi
Z	ζ	Zeta	Ξ	ξ	Xi	X	χ	Chi
H	η	Eta	O	o	Omicron	Ψ	ψ	Psi
Θ	θ	Theta	Π	π	Pi	Ω	ω	Omega

請注意，不論是英文字母或希臘字母，當它們被當成科學符號使用時，同一個字母的大小寫可以分別做為不同符號使用，兩者不一定有關聯。例如物理學常用 a 來代表加速度，而以 A 來代表振幅；又例如 ω 通常是指角頻率，但 Ω 卻是電阻的單位歐姆。

如果符號代表的是變數或物理量，不論它們出現在正文的文句中或數學公式中，應該要寫成**斜體字 (italic)**，以便與正常的字母做區隔，但也有一些例外，例如有些作者會以**粗體字 (boldface)** 來表示向量 (vector)、矩陣 (matrix) 或集合 (set) 等；如果符號代表的是運算 (operation) 或函數 (function)，則一律以**正體字**表示，例如 $\sin\theta$ 中的 sin 是指正弦函數，所以寫成正體，θ 是變數，所以寫成斜體字。

此外，數學表示式要怎麼唸也是很多人頭痛的問題，因此我們整理了常見的數學表示式及它們的習慣唸法，分列如下：

分數 (fraction)：

分數 N/M 的通用讀法之一為「N M-th(s)」，即 N 個 M 分之一，例如 1/3 讀做「one third」，3/5 讀做「three fifths」，依此類推；不過 1/2 就是 half，所以 1/2 可直接讀做「one half」，同樣道理，quarter 代表 1/4，3/4 也可讀做「three quarters」。

N/M 的另一種唸法是「N over M」，例如 11/7 讀做「eleven over seven」，通常 N 或 M 的數值如果較大，或者其中一個不是整數，就會採用這種唸法。

▶ 指數 (exponent)：

指數一般表示成 x^y，即 x 的 y 次方，通用的讀法為「x to the y」，例如 3^5 讀做「three to the five」，而 10^9 讀做「ten to the nine」。如果 y 等於 2 或 3，亦即平方或立方，讀法還可以簡化，x^2 直接讀成「x square」，x^3 直接讀成「x cube」。如果 x 等於尤拉數 (Euler's number) e，則 e^y 通常直接讀做「exponential y」。

▶ 次方根 (root)：

次方根的表示式為 $\sqrt[n]{x}$，即 x 開 n 次方根，通用的讀法為「the nth root of x」，例如 $\sqrt[5]{13}$ 讀做「the fifth root of thirteen」。如果 n 等於 2 或 3，讀法可以簡化為「the square root of x」或「the cube root of x」。

▶ 對數 (logarithm)：

對數函數的數學縮為 log，以 10 為底 (base) 的對數稱為一般對數 (common logarithm)，書寫時可以不用把 10 寫出來；如果以其他數字為底，則一定要寫出底數，例如 $\log_2$ 為以 2 為底的對數，讀做「log with base two」。所謂的自然對數 (natural logarithm) 就是指以尤拉常數 e 為底的對數 $\log_e$，經常簡寫成 ln。

▶ 化學符號及表示式

▶ 元素 (chemical elements)：

周期表 (periodic table) 上都載有各種元素的化學符號及其英文拼法，本書不再贅述。

化合物 (compound)：

此處我們探討的是由兩種以上的元素形成的化合物。元素的相關化合物名稱有一套規則，大致是透過對元素添加或變化字首或字尾而來。由於元素與其化合物的物理化學性質可能差很多，例如矽 (silicon) 是半導體而二氧化矽 (silica) 是絕緣體，鈦 (titanium) 是金屬而二氧化鈦 (titania) 是半導體，一旦張冠李戴搞錯了，可能會造成研究上的嚴重錯誤，讀者非得小心不可。

以下是常見的化合物命名原則：

➢ 從 -on 或 -um 變成 -a：代表該元物素的氧化物，例如 silicon 是指矽 (Si) 元素本身，而 silica 是指二氧化矽 (SiO_2)；又如 aluminum 是鋁 (Al)，而 alumina 是三氧化二鋁 (Al_2O_3)。

➢ -ide：表示「⋯化物」，例如氯 (chlorine, Cl) 形成的氯化物為 chloride，硫 (sulfur, S) 形成的硫化物為 sulfide，氧化物叫 oxide，而 carbon dioxide 是二氧化碳，gallium arsenide 則是砷化鎵 (GaAs)。

➢ -ite、-ate：代表「⋯酸鹽」，例如 chlorite 為氯酸鹽，carbonate 為碳酸鹽，phosphate 為磷酸鹽、hydrate 為水合物或氫氧化物。

➢ 二元化合物的化學通式可以寫成 A_mB_n，其中 A、B 是兩種化學元素，m、n 是離子數，讀法是「A-m-B-n」，但如果 m 或 n 正好等於一，則省略不讀。例如二氧化碳 (CO_2) 讀做「C-O-two」，四氧化三鐵 (Fe_3O_4) 讀做「F-E-three-O-four」。有些複雜的化合物是由好幾種元素組成，例如超導體研究中常見的釔鋇銅氧化物 (Yttrium barium copper oxide, $YBa_2Cu_3O_{7-x}$)，研究人員為了方便起見，口頭上會省略下標，直接唸成 Y-B-C-O。

3.4 科技英文常見動詞

除了專有名詞外，很多人閱讀科英文獻時最常「卡住」的地方是句子中的動詞，而動詞卻是一個句子的靈魂。根據筆者的觀察與經驗，只要能夠掌握句子中的動詞，十之八九就能配合前後文推敲出整個句子的含意，所以多認識一些動詞對於強化英文能力絕對有直接幫助。

問題是：英文中的動詞何其多，怎麼可能全部認得？

讀者有所不知，相對於一般英文，科技英文會用到的動詞其實相當有限，原因是科技文章講求理性、客觀的描述，會儘量避免使用主觀、帶有感情色彩的文字。例如：科技英文通常以中性的 criticize 一字的代表「批評」，極少採用 attack（抨擊）甚至 blast（猛批、砲轟）這類含情緒的動詞，而描述「上揚、興起」時多半使用 rise，再強調一點可能用上 emerge 一字，但除非必要會儘量避免採用像 soar（暴漲）這麼激烈的字眼。因為有這層限制，符合條件的動詞數目其實遠比一般英文少了很多。

再者，如果學習科技英文的目的只是要能正確、有效率地閱讀或撰寫科技文章，不是為了參加考試或應付各種英文能力檢定，對於這些動詞嫻熟的程度可以不用太高，不需到會背、會拼寫的地步，只要能認得這些字、會正確發音，知道它們的意義及用法就行了。這麼一來，學習科技英文常見動詞就不再是件太困難的差事。

科技英文常見動詞表

為了協助研究生熟悉科技英文常用的動詞，筆者由超過五十篇物理／電機／光電／電子相關科技報導中，匯整出文章中使用到的動詞，排除掉常見的 make、get、see、take…等一般動詞後，製成**附錄 3** 的「科技英文常見動詞表」，並要求修課學生在開學一個月內設法熟悉此表中的所有動詞。

此處所謂的「熟悉」定義如下：不需要將每個字背起來，但是看到字要認得、瞭解其含意、會正確發音、知道時態變化；後續若要培養撰寫科技英文的能力時，再進一步學習如何使用這些動詞。

這張「科技英文常見動詞表」發下去才幾個星期，筆者就接獲不少研究生反應，自從熟悉表中的動詞後，閱讀指導教授指派的學術論文時，查字典的次數大幅減少，閱讀的速度變快許多，誤解文義的情況也明顯改善，可見掌握動詞確實對理解文句幫助很大。

對於不同的專業領域，這張「科技英文常見動詞表」的內容應該有所調整，讀者可以根據自身的需求加以修改擴充。

值的注意的是，要吸收消化這張表中的動詞，最有效的方法不是按字母排列順序從頭到尾一個一個消化，而是從表中篩選出各領域共用、最常出現的一批動詞，優先認識，之後再擴展至其餘動詞。底下的表格就是從**附錄 3** 挑選出來的「精華」，建議讀者先由它們下手。幸運的是，此表中的動詞絕大多數時態都是規則變化（畫底線者例外），詳細變化規則請參考**表 2-4**。

表 3-6　各科技領域共用的常見動詞

A~D	accelerate, accumulate, achieve, act, aim, analyze, approach, approximate, avoid, boost, bury, claim, combine, comment, complete, compose, conclude, consider, consist, construct, contain, correct, cover, decrease, deliver, demonstrate, determine, develop, distinguish, <u>drive</u>
E~O	emit, etch, examine, exceed, exhibit, exploit, fabricate, forecast, form, generate, guide, identify, improve, increase, intend, introduce, invent, investigate, join, limit, maintain, measure, modify, minimize, neglect, observe, obtain, occur, offer, operate, output, optimize, <u>overcome</u>
P~Z	perform, plug, produce, promote, publish, pump, pursue, raise, recharge, record, reduce, relate, replace, require, restrict, reveal, sandwich, scale up, <u>seek</u>, separate, shift, span, <u>spread</u>, store, subject, suffer, target, transmit, trap, unveil, upgrade, utilize

征服了上表中的動詞精華後，讀者接著就可以挑戰**附錄 3** 的「科技英文常見動詞表」，然後再按照各領域慣常使用的動詞自行擴充內容，客製化屬於自己的動詞表。

⊃ 動詞的運用

動詞必須配合人稱、單複數、主被動語態以及時態變化，才能放入文句中，相關文法規則請詳閱第 2 章的介紹，其中動詞的變化則請參考**表 2-4**，此處不再重覆。值得注意的是，由動詞衍生出來的**動名詞 (gerund)** 及**分詞 (participle)** 也很常出現在句子中，因此需要特別討論一下。

動名詞是將動詞加上 ing 而成，外觀與動詞的現在分詞一樣，但詞性卻是名詞，也就是「名詞化的動詞」。科技英文中經常出現將動詞「變身」成名詞使用的情形，我們留待 §4.1 討論，此處我們關注的是具有形容詞功能的動名詞。

動名詞與分詞都能擺在名詞前，扮演形容詞的角色，而且這類的形容詞都帶有動作含意，但意義上是有差別的。我們分別討論如下：

➢ 動名詞當形容詞用：

當形容詞用的動名詞雖然加上了 ing，但並沒有形容動作正在進行中的用意，而是要描述功能、作用或目的。例如 swimming pool（游泳池）是指用來游泳的水池 (pool for swimming)，此處的 swimming 是說明功能而非指正在游泳。以下是更多例子：

  melting/boiling point 融 / 沸點 rolling motion 滾動

  building block 建築基本單元 answering machine 答錄機

  typing/spelling error 打字 / 拼字錯誤 milling machine 銑床機

  等等。

▶ 分詞當形容詞用：

現在分詞通常是用來描述主動且正在進行中的動作，而過去分詞則用來描述被動或已完成的動作。例如：

developing country 開發中國家　　developed country 已開發國家

boiling water 沸水　　　　　　　boiled water 開水（煮沸過的水）

traveling wave 行進波　　　　　polished surface 拋光的表面

oscillating voltage 振盪的電壓　　reflected wave 反射波

dangling bond【化】懸鏈　　　　desired effect 想要的效應

light-emitting diode 發光二極體　optimized parameter 最佳化參數

等等。

接下來我們透過一個小練習，示範如何在句子中運用動詞及其相關衍生字。請讀者按底下文句句尾的中文提示，挑選適用的動詞並加以變化後，依序填入空格中。適用的動詞可能不只一個，讀者必須參考文意及文法規則加以篩選。

Up to 95% of the (a) materials can (b) into new products or used in new ways. [(a) 拋棄 (b) 回收]　　　　　　　　　　　　　　　　　　　　　(3.4-1a)

空格 (a) 的「拋棄」可對應動詞 waste、discard 等，但 waste 有浪費的意思，此處選 discard 會更適合；不過 (a) 位於 the 及 materials 之間，用來描述廢棄物，因此顯然是形容詞，因此應改寫成過去分詞（由被動態改來）discarded，意味「被拋棄的」。空格 (b) 在助動詞 can 之後，按前後文判斷應填入動詞，「回收」可以採用 recycle 一詞，但材料是被人回收，因此要寫成被動態。最後句子變成：

Up to 95% of the discarded materials can be recycled into new products or used in new ways.　　　　　　　　　　　　　　　　　　　　　　　(3.4-1b)

高達 95% 的廢棄材料可以回收變成新產品，或以新的方式使用。

再看一例：

These high-performance LEDs _(a)_ on highly efficient chip technologies in combination with thermally _(b)_ device packages. [(a) 以⋯為基礎 (b) 最佳化]

(3.4-2a)

按文意及文法規則判斷，空格 (a) 應該填入動詞而 (b) 應填形容詞，「以⋯為基礎」的英文動詞可以採用 base，但此處應該被動態，而「最佳化」optimize 是及物動詞，變當形容詞用是應寫成過去分詞，因此句子變成

These high-performance LEDs are based on highly efficient chip technologies in combination with thermally optimized device packages. (3.4-2b)
這些高效能 LED 是以高效率晶片技術與熱優化元件封裝的結合為基礎。

【練】The invention of solid state electronics _(a)_ scientists the ability to _(b)_ large-scale computational instruments like computers. (a) 賦予 (b) 建造

(3.4-3)

【練】The energy _(a)_ by a substance _(b)_ on its chemical composition and mass. (a) 擁有 (b) 取決

(3.4-4)

本章的課後習題中有更多相關練習，歡迎讀者一試。

課後習題（Homework）

Chapter 3. 科技英文詞彙的特點

一、衍生字練習：

A. 請利用衍生字規則，判斷這些字的詞性及中文意義。

英文	中文	詞性	英文	中文	詞性
uniform	均勻的	形	uncountable		
aperiodic			terminology		
disorder			immeasurable		
stainless			instantaneous		
illogical			consideration		
credible			unpredictable		
coexist			disassociate		
harmless			underestimate		
flatness			inconvincible		
childish			hydrophobic		
priceless			biochemistry		
airtight			aerodynamics		
demobilize			thoughtless		
overstate			semifinal		
irregular			gaseous		
substantial			sickness		
disorient			preoccupy		
geography			solidify		

B. 請寫出符合指定詞性的衍生字。

英文	衍生字	詞性	英文	衍生字	詞性
assist	assistance	名	neglect		形
predict		形	physics		形
relate		名	enhance		名
submit		名	compete		形
elastic		名	industry		形
thick		名	identify		名
resist		形	compare		形
apply		名	deposit		名
emit		名	dissipate		名
pure		動	chemical		名
equal		名	fame		形
expose		名	caution		形
specific		動	large		動
foolish		名	flexible		名
deplete		名	persist		名

二、**縮寫練習**：請按照（ ）內指定的領域，將以下科技名詞的縮寫還原成完整的名詞，其中領域的對應為光 → 光學、材 → 材料、電 → 電子、醫 → 生醫、製 → 製造、量 → 量測。

縮寫	英文全名
TIR（光）	Total Internal Reflection
AOI（光）	

CCD（光）	
CNT（材）	
DUV（光）	
FET（電）	
QD（材）	
ITO（光）	
MBE（電）	
SOI（電）	
MRI（醫）	
OEM（製）	
PMMA（材）	
FWHM（量）	
SNR（量）	
MQW（材）	
LCD（光電）	
SPP（光電）	
TEM（量）	
AFM（量）	

三、動詞運用練習：請在空格中填入適當的動名詞、現在分詞或過去分詞，並寫下相對應的詞性，例如：

動詞	詞組	詞性
boil	沸水＝ _boiling_ water	現在分詞
chop	砧板＝ _____ board	

stir	攪拌棒＝	_____	rod
clean	無塵室＝	_____	room
distill	蒸餾水＝	_____	water
answer	答錄機＝	_____	machine
sprinkle	灑水器＝	_____	machine
close	封閉迴路＝	_____	loop
excite	受激原子＝	_____	atoms
dope	摻雜濃度＝	_____	concentration
charge	帶電粒子＝	_____	particle
purify	純化物質＝	_____	substance
operate	操作電壓＝	_____	voltage

四、動詞運用練習：請依中文提示，配合人稱、主被動式及時態等文法規則，在空格中填入適當的動詞、動名詞或分詞。（※ 適合的答案可能不只一個）

1. A simple lens (a)_____ from optical aberrations. The optical aberration (b)_____ the sharpness of the image (c)_____ by the lens.

    (a) 遭受、受苦 (b) 限制 (c) 形成

2. A solar cell is an electrical device that (a)_____ the energy of light directly into electricity by the photovoltaic effect. It is a form of photoelectric cell, (b)_____ as a device whose electrical characteristics, such as current, voltage, or resistance, (c)_____ when exposed to light.

    (a) 轉換 (b) 定義 (c) 改變

3. **Polymer solar cells:**

   Flexible thin-film polymer photovoltaics, which can (a)_____ using a convenient roll-to-roll process, could soon (b)_____ traditional silicon solar cells. Last year, US firm KNK found itself a European base by (c)_____ XYZ's organic photovoltaic research activities, and now it (d)_____ that its development partners could (e)_____ their first products within the next 12-36 months.

   (a) 製造 (b) 挑戰 (c) 取得 (d) 相信 (e) 生產

4. **Slow light:**

   Scientists at the XYZ Research Center have recently (a)_____ that two popular telecoms components - a quantum-dot optical amplifier and an electro-absorption modulator - can both slow the propagation of light pulses. At the same time a team from the University of ABC (b)_____ that, when configured as an amplifier, a vertical-cavity surface-emitting laser can also (c)_____ the feat. All three approaches work by carefully (d)_____ the electrical bias of the (e)_____ devices.

   (a) 展示 (b) 證明 (c) 執行 (d) 控制 (e) 客製化

5. **Choosing an LED:**

When choosing an LED, be aware of the trade-offs. (a)_____ in mind that as the current (b)_____ the lumens increase (which is good as it (c)_____ more brightness) but the lumens-per-watt (d)_____ (which is bad, as the device (e)_____ less efficient at higher currents and temperatures). On the other hand, (f)_____ the current will increase the LPW but lower the light output. This is not a direct linear relationship so (g)_____ the optimum levels can be difficult. (h)_____ of lumens per watt claims. All claims should be validated as the actual (i)_____ range of usable lumens (j)_____ as the drive current increases.

(a) 保持 (b) 增加 (c) 表示 (d) 降低 (e) 變得 (f) 降低 (g) 找出 (h) 當心 (i) 操作 (j) 縮小

第4章

科技英文文句的規則

我們在上一章介紹了科技英文詞彙的特性，本章將繼續探討科技英文在文句上的特徵，我們也會介紹在不同場合下運用時態的基本規矩，以各類型子句及片語的應用。這些文句上的規則不只有助於閱讀科技英文，更是進一步練習撰寫科技英文時特別該注意的事項。

4.1 科技英文文句的特徵

為了說明科技英文的文句有哪些經常出現的特徵，我們來看底下這一段典型的科英文句：

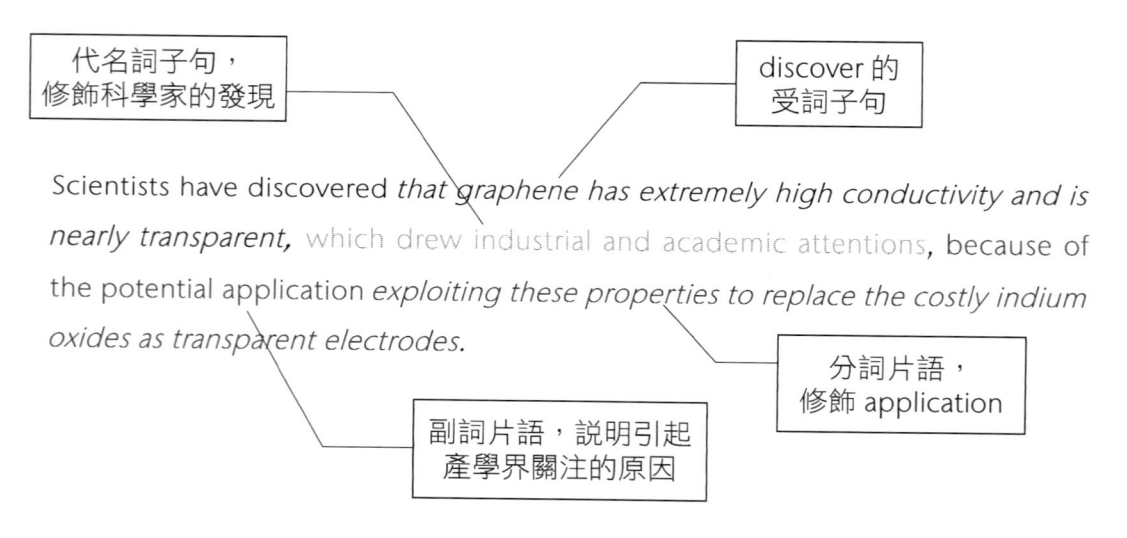

代名詞子句，修飾科學家的發現

discover 的受詞子句

Scientists have discovered *that graphene has extremely high conductivity and is nearly transparent,* which drew industrial and academic attentions, because of the potential application *exploiting these properties to replace the costly indium oxides as transparent electrodes.*

分詞片語，修飾 application

副詞片語，說明引起產學界關注的原因

科學家發現石墨烯有極高的導電率而且近乎透明，這些性質可以被開發用來取代昂貴的銦錫氧化物做為透明電極之用，因此引來產學界的關注。　　　(4.1-1)

這段文字雖然長達數行，其實從頭到尾只能算是一個句子。它當然不是一般的平鋪直述句，而是含有子句、片語等不同文法層級結構的複合句。這種既長又複雜的句子在科技英文中十分常見，所以順理成章成為科技英文文句的第一個特徵：

▶ 特徵一：常見複雜的長句

為什麼科技英文常出現複雜長句？這是因為科技英文講究事實的描述或是邏輯的推衍，必須嚴謹且精確地描述觀察到的現象，或詳細說明研究的方法，而且往往還得聲明內容的前因後果及條件限制等等，為了在單一句子中一口氣交待好幾個重點，往往需要子句或片語的幫忙，於是句子無可避免地變得又臭又長，對文法不夠熟捻的讀者可能就會看得眼花撩亂。此時讀者若有解析句子結構的能力，就能將一個長難句分解成數個較簡單的短句，絕對有助於掌握句子的含義。

從 (4.1-1) 的長句中，我們還能觀察到科技英文文句的另一個特徵：

▶ 特徵二：常使用子句及片語來輔助說明

(4.1-1) 句中使用了 that 為首的受詞子句（黑色斜體字），來說陳述學家的發現，後面接著 which 代名詞子句（藍色字體），來說明這項發現引起的關注，而為了交待因果關係，出現了以 because 為首的原因副詞片語（灰藍色字體）。

使用子句雖然可以輔助說明，但可能會使整個句子變得過長而顯得累贅，此時如果能以適當的片語取代子句，就可縮短句子的長度，(4.1-1) 句中由 exploiting 引導的形容詞片語（灰藍色斜字體）就是一例。

子句及片語與其修飾的對象有從屬關係，使句子的結構多了層次。我們將分別在 §4.3 及 §4.4 進一步探討各種類型的子句及片語的應用。

▶ 特徵三：常出現邏輯語法

科技英文經常需要說明事情之間的關連性或邏輯關係，所以經常會出現邏輯語法。(4.1-1) 中 because 為首的片語就是一例。以下是常見的邏輯關係：

◯ 因果關係：

常見以 because (of), due to, as a result of, since 等連接詞引導的子句或片語來描述原因，而以主句講述後果。

另一種情形正好倒過來：以主句說明原因，而以 so, thus, therefore, hence, moreover, furthermore 等連接詞帶出子句或片語來描述結果。

◯ 條件、方法及目的：

有些子句或片語是用來說明條件或假設，也就是所謂的前題，它們常以 if, supposed, unless, except 等連接詞引導，而在主句中描述前題成立下所能得到的效果或推論。

另一種方式是以主句來說明作法，然後以 (so) that, in order that 等帶出子句或片語來描述目的。

◯ 比較及語氣的轉折：

為了比較不同的事物，或描述同一件事前後的發展，句中常以 but, however, nevertheless, meanwhile, otherwise, yet 等連接主句及讓步副詞子句，以呈現語氣的轉折。

我們將在 §4.3 中深入討論上述表達各種邏輯關係的子句，並舉大量實例及練習加深讀者的理解。

現在讓我們再看一個例子：

> It is widely known that nowadays super computers are employed in solving mathematical problems related to weather forecasting and satellite orbiting. 眾所周知，超級電腦目前被用來計算有關天氣預測及衛星運行的數學問題。

(4.1-2)

這種以頁開頭並搭配採用被動語態的句子，也是科技英文的常見特徵之一。

特徵四：常使用被動語態及引導詞

中文科技文章中會出現「據報⋯」、「眾所周知⋯」等沒有明確主詞的句法，科技英文中也有類似情形，此時常會以 it be、there be 或 this be 等虛主詞開頭，引導出後面真正重要的敘述。

另一種作法是採用被動語態，忽略施行動作者，而強調承受動作者或是動作本身，例如 (4.1-2) 句中的重點是超級電腦能用來做什麼事，誰使用超級電腦並無關緊要，因此子句中將 supercomputer 當成主詞並配合採用被動語態。

我們將在第五章中討論科技英文常用句型時，特別討論被動語態及引導詞開頭的句型。

特徵五：常出現動名詞詞組

(4.1-2) 句中的 solving mathematical problem（解數學問題）是透過將動詞 solve 加 ing，將「解數學問題」這個動作變成名詞，而 weather forecasting（氣象預報）及 satellite orbiting（衛星運行）不只將動詞加上 ing，還將原本放在動詞之後的受詞移到前面來修飾動名詞，形成新的**動名詞詞組**。這種改變詞性的作法除了能將動作「名詞化」，還有簡化句子的好處。底下舉幾個常見的動名詞詞組及它們的原形：

save energy	→	energy saving	節能
mine data	→	data mining	資料探勘
harvest light	→	light harvesting	集光
drill oil	→	oil drilling	鑽油

請注意，如果在動名詞之間加上連字號 (hyphen)，動名詞就變成形容詞，例如 energy-saving machine 中的 energy-saving 是用來形容後面的 machine，合起來是指「節能機器」，又例如 heart-breaking news 是指「令人心碎的消息」，peace-loving people 是指「愛好和平的人士」，依此類推。

4.2 時態運用規則

許多讀者在撰寫科技英文文稿時，經常碰到的問題之一是：「我應該要採用哪一種時態才對？」如 §2.2 提到的，英文可以透過時態傳達訊息，因此科技英文中的時態運用取決於作者要敘述的內容本身，及它與整篇文章其他部份之間的關連，雖然沒有強制規定，但有一定的規則可循。

以下我們分成幾類來討論：

▶ 敘述過去的研究（與現在無關或關係疏遠）

⇒ 過去簡單式／過去完成式

在科技英文中，如果要敘述的是過去的研究，而且與現在沒有直接的關係或影響，通常採用**過去簡單式**或**過去完成式**。

例如你剛剛完成一項光學實驗，正在撰寫一篇論文或報告，文中必須提及有名的楊氏雙狹縫實驗，這個兩百多年前完成的實驗跟你現在的研究沒有直接關係，但因為它是波動光學實驗的始祖，為了文章的完整性，你不得不提到它，這時就適合以**過去簡單式**描述，例如：

> In 1802, Thomas Young *performed* a decisive experiment turning the tide of support to the wave theory of light. (4.2-1)

1802 年 Thomas Young 進行了一個決定性的實驗，讓支持的聲浪轉向「光的波動說」（之前是「光的粒子說」佔上風）。

如果要敘述的是在某個過去時間點已經完成的研究，那就應該採用過去完成式。例如同樣是楊氏實驗，如果要強調 Thomas Young 在 1802 年時「已經」完成他有名的實驗，宜採用**過去完成式**，如下：

> By the time of 1802, Thomas Young *had conducted* the decisive experiment which turned the tide of support to the wave theory of light. (4.2-2)
> 到了 1802 年，Thomas Young 已經完成了決定性的實驗，將支持的聲浪轉向「光的波動說」

▶ 敘述過去的研究（與現在有直接關係或影響）

⇒ 現在完成式

如果要敘述的是過去的研究，而且與現在有直接的關係或影響，通常採用**現在完成式**。

例如你正在撰寫一篇關於照明 (lighting) 的報告，文中提到過去的照明可分成白熾燈泡及螢光燈兩類，這兩類到現在還在使用，那就適合用**現在完成式**來描述：

> The illuminating devices that *have been constructed* in the past are generally classified into two types: incandescent lamps and fluorescent lights. (4.2-3)
> 過去製造出來的照明裝置通常可以分為兩類：白熾燈泡及螢光燈。

再看一例：假設你的實驗牽涉到麥克森干涉儀，你在寫論文時，打算先提到這種干涉儀在近代物理發展上的重要性，接著引述到你目前的實驗，那當然就應該採用**現在完成式**：

The Michelson interferometer, *first introduced by Albert Michelson in 1881, has played* a vital role in the development of modern physics. (4.2-4)
由 Albert Michelson 在 1881 年首先提出的麥克森干涉儀，在近代物理發展中扮演了關鍵的角色。

▶ 敘述事實或原理 ⇒ 現在簡單式

如果描述的是不爭的事實或現象（例如物理現象），或是要說明不變的原理或定義（例如物理定律），直接以**現在簡單式**敘述就行了。例如：

An instrument designed to exploit the interference of light *is called* an optical interferometer.（說明定義：光干涉儀） (4.2-5)
光干涉儀是一種設計來利用光干涉現象的儀器。

In most materials, resonant frequencies *lie* predominantly in the UV (due to electronic transitions) and in the IR (due to molecular vibrations) rather than in the visible.（描述事實：物質共振頻率的特性） (4.2-6)
在大部份材料中，共振頻率主要落在紫外光（源於電子躍遷）及紅外光（源於分子振盪）波段，而非可見光波段。

▶ 敘述未來的研究或預期發生的結果 ⇒ 未來式

討論未來的研究當然應該採用未來式來描述。比方說，你在結論中想表達「未來將推廣目前的方法或技術至其他類似系統」，可寫成

We *will* extend this new technique to other two-dimensional materials with similar properties. (4.2-7)
我們將推廣此新技術至其他具有類似性質的二維材料上。

因為採用了未來式，句中雖然沒有出現「未來」的字眼，也不會造成誤會。

值得注意的是，will 除了作為時態助動詞用，還有「將會」、「意欲」的解釋（不

見得跟時間有關），所以未來式也可以用來表達（如果這麼做之後）預期會發生的後果，例如

>The performance of the device *will* be further improved by optimizing the manufacture parameters. (4.2-8)
>
>透過優化製造參數，此元件的性能將可進一步獲得提升。

值得注意的是，以上的時態使用規則只是參考，並無強制性，而且隨著網路發達及文字發表數量的暴增，這些規則有漸趨寬鬆的趨勢，適用場合的界限日益模糊。二十年前筆者還是研究生時，撰寫論文都得小心翼翼地選用時態，以免被審稿者及期刊編輯找碴，但最近幾年新發表的論文中，年輕一代的作者對於時態的使用越來越「活潑」（說難聽點就是隨便），看來出版單位已經放寬標準，只要不是太離譜，大概都能被專業編輯接受。

4.3 各類型子句

本章開頭介紹科技英文文句特徵時即指出，有時候想要描述的內容比較複雜，無法以單一詞彙或是簡短的片語來完整表達，必須動用到較長的句子，於是出現「句中有句」的情形，這些「句中句」就是所謂的**子句 (clause)**。底下是一句典型的科技英文：

>Scientists have discovered *that most failures in engineered structures are caused by fatigue-induced micro-cracks* which can spread, become bigger and eventually pose a threat to the entire structure. (4.3-1)
>
>科學家發現，大部份工程結構失效源於疲乏引發的微裂縫，而這種微裂縫會擴散、變大，最後威脅到整體結構。

此句含有兩個子句，分別是由 that 帶出（斜體字）及 which 帶出（加底線）的兩個子句，連同主句可以拆解還原成三個句子：

1. Scientists have discovered *something*. (主要句子)
   科學家發現了某些事實。

2. *Most failures in engineered structure are caused by fatigue-induce <u>macro-cracks.</u>* (對應由 that 帶出、以斜體字標示的子句)
   大部份工程結構失效源於疲乏引發的<u>微裂縫</u>。

3. <u>Fatigue-induced micro-cracks can spread, become bigger and eventually pose a threat to the entire structure.</u> (對應由 which 帶出、加底線的子句)
   疲乏引發的微裂縫會擴散、變大，最後威脅到整體結構。

其中第 3 句在 (4.3-1) 中變成形容詞子句，用來修飾第 2 句中的 micro-cracks，描述微裂縫的演化過程，而第 2 句在 (4.3-1) 中變成名詞子句，取代第 1 句中的 something，成為 discover 的受詞，說明科學家發現的事實。

子句除了可以取代名詞及形容詞外，還可以取代副詞，因此子句按詞性可以分成名詞子句、形容詞子句或副詞子句三大類，通常需要以**連接詞 (conjuction)** 連接至主要句子。以下我們就按子句的詞性一一來討論。

名詞子句

顧名思義，這類子句取代的是名詞，而名詞可能出現在文句中哪些地方呢？首先，當然是主詞，再來是主詞補語、受詞及同位語。因此，名詞子句又可分為**主詞子句**、**主詞補語子句**、**受詞子句**及**同位語子句**。

主詞子句：

這種子句取代的是主詞，常出現在英文**基本句型 2** 中，呈現「主詞子句 + 動詞 + 主詞補語」的形式。負責連接主詞子句與主句的連接詞可依詞性分為**從屬連接詞**、**連接代名詞**及**連接副詞**。舉例如下：

➤ 從屬連接詞：that、whether（是否）、if（是否）

Whether an object will sink or float on water depends on its density.
物體在水中會沉或浮取決於其密度。 (4.3-2)

That a current in a wire deflected a nearby compass needle was an important finding. (4.3-3)
電流會使鄰近磁針偏轉是重要的發現。

斜體字部份即是當主詞用的子句，畫底線者是從屬連接詞，有時可省略。

【仿】比賽是否會如期舉行，取決於今晚的天氣。 (4.3-4)

【仿】時變磁場能感應出電場是法拉第的重要發現之一。 (4.3-5)

➤ 連接代名詞：what（什麼）、which（哪一個）、who（誰）、whom（誰）、whose（誰的）

此處子句是透過代名詞與主句相連，例如

What particular properties the carbon nanotube has have been discovered. (4.3-6)

碳奈米管有何特殊的性質已經被發現了。

請注意：以這類連接詞引導出的子句雖然看起來像問句，但因為子句不是真正的句子，所以動詞只須按直述句規則來寫就行了（文法規則請參考 §2.3 的間接敘述句）。子句中的動詞如果是 be 動詞，規則也一樣，例如：

Which result is correct remains to be studied. (4.3-7)
哪個結果是正確的有待研究。

【仿】*被害人昨晚跟誰碰面*是第一件要查清楚的事。 (4.3-8)

▶ 連接副詞：when（何時）、where（哪裡）、why（為何）、how（如何）

此處引導子句的是時間、地點、方法等副詞。同樣道理，子句雖然貌似問句，但動詞時態應該按照直述句來寫，例如

When and by whom the transistor was invented is introduced in Chapter 3 of the textbook. (4.3-9)
電晶體是何時何人發明的，在課本第三章有介紹。

How the burglars cracked the security system is still unknown to the police.
警方仍然不清楚*歹徒如何破解保全系統*。 (4.3-10)

【仿】*他為何自殺*是解開謎題的關鍵。 (4.3-11)

◯ 主詞補語子句 (predicative clause)：

主詞補語的位置是在連繫動詞之後，所以句子的基本架構變成「主詞 + 動詞 + 主詞補語子句」的形式，引導的連接詞與主詞子句的連接詞類似，除非是從屬連接詞，否則通常不可省略。例如

One of the advantages of laser is *that it can burn a hole in such hard material as steel*. (4.3-12)
雷射的優點之一是*它能在堅硬如鋼的材料上燒洞*。

Air is *what all living creatures need*. (4.3-13)

The major problem of nuclear power plants is *how* we handle the nuclear waste. (4.3-14)

核能發電的主要問題是*我們要怎麼處理核廢料*。

【仿】燃料電池的最大優點是*它們的副產物非常環保*。 (4.3-15)

有時 as, just as, because 也能引導主詞補語子句，例如：

Things are not always *as they appear*. (4.3-16)
世事未必*如表象（如外觀所現）*。

This is *because a current-carrying wire is surrounded by a magnetic field*.
這是*因為帶電流的導線四周都圍繞著一個磁場*。 (4.3-17)

受詞子句 (object clause)：

受詞通常出現在及物動詞之後，此處的動詞除了句子的主要動詞外，也包含不定詞及動名詞中的動詞，以及以分詞形式出現的動詞。當子句取代受詞後，英文**基本句型 3** 變成「主詞＋動詞＋受詞子句」。引導的連接詞與前述雷同。例如：

We know *that light produced by laser has very high coherence*. (4.3-18)
（子句是動詞 know 的受詞，that 是從屬連接詞）
我們知道*雷射發出的光具有很高的同調性*。

To see *why the second law of thermodynamics is not violated by a refrigerator*, we must be careful in our statement of the law. (4.3-19)
（子句是 see 的受詞，why 是連接代名詞）
欲了解冷凍機為何不違反熱力學第二定律，我們陳述該定律時必須要非常謹慎。

Knowing *that the molecules of ice and water are exactly the same*, we can understand *that ice is merely the solid form of water*. (4.3-20)

（兩個子句依序是 knowing 及 understand 的受詞）
知道冰及水的分子完全相同，我們就能理解冰只是固態狀的水。

【仿】要了解 LED 如何發光，必須先知道如何在半導體內製造電子—電洞對。
（此句有兩個受詞子句） (4.3-21)

除了動詞之外，受詞也可以出現在介係詞如 except、besides 等之後，所以這些字也能變成連接詞來引導受詞子句。例如：

Infrared and visible light are both electromagnetic waves except *that* they have different frequencies. (4.3-22)
除了頻率不同外，紅外線與可見光都是電磁波。

【仿】除了形狀不一樣，牛頓環及肥皂泡上的彩色條紋都是薄膜干涉的結果。
(4.3-23)

值得注意的是，英文通常是主句先行，except, besides 等連接的子句在後，中文的習慣正好巔倒，翻譯時需要調整順序。

◯ 同位語子句：

這種子句是由 that 引導，用來補充說明前面的某個名詞 (fact, idea, news, hope, doubt, theory, question, probability...) 的具體含義。

In 1905 Einstein worked out a theory *that* matter and energy were not completely different things. (4.3-24)
1905 年愛因斯坦提出一項理論：物質與能量並非完全不同的東西。

The fact *that* energy must conserve in an isolated system is shown in this example. (4.3-25)

這個例子說明了*在一個封閉系統中能量必須守恆的事實*。

【仿】我們不能排除*樣品已經遭受到污染的可能性*。 (4.3-26)

除了子句外，科技英文中更常見以單詞或詞組的形態出現的同位語，這種同位語大多以破折號／逗號／冒號、or、namely、such as 等引導出。例如：

Atoms are made up of three kinds of particles, namely, *the electrons, protons and neutrons.*（以 namely 引導出同位語） (4.3-27)

原子是由三種粒子構成，即*電子、質子及及中子*。

The conference will be held in Taipei — *the biggest city in Taiwan.*（以破折號引出同位語） (4.3-28)

研討會將在台北—*台灣最大的都市*—舉行。

When coal, *the remains of plants million years ago,* is burned, chemical energy is transformed into heat.（以一對逗點標示出同位語） (4.3-29)

當煤—*百萬年前植物的遺體*—燃燒時，化學能便轉為熱能。

【仿】*蘇格蘭知名物理學家* Maxwell 預測了電磁波的存在。 (4.3-30)

▶ 副詞子句

副詞子句都是以從屬連接詞引導，對主句而言有副詞的作用，並按照副詞的性質分為時間／地點／原因／條件／方式／目的／結果／讓步副詞子句。我們一一來討論：

時間副詞子句

這種子句是做為時間副詞之用，因此經常出現在句尾。常見的連接詞有 when, as, while, before, after, since, until/till, by the time, each/every time, as soon as, instantly, immediately, the moment, once, no sooner ... than, whenever, scarcely/hardly ... when 等。例如：

I was taking a shower *when the power went out* last night. (4.3-31)
昨晚停電時，我正在沖澡。

The metal loses its surplus negtive charges *as soon as it is grounded*.
金屬一*接地*就立刻失去多餘的電子。 (4.3-32)

The gain medium began to lase *once the population inversion was achieved*.
 (4.3-33)
一旦達成居量反轉，增益介質就開始發出雷射光。

【仿】*在雷射尚未發明之前*，很難進行這種精密測量。 (4.3-34)

中文的習慣是將時間放在主句前，不像英文放在前後都可以，所以翻譯成中文時要調整順序。

地點副詞子句

做為地點副詞之用，也常出現在句尾。相關連接詞有 where, wherever 等。

We use insulators to prevent electrical charges from going *where they are not wanted*. (4.3-35)
我們利用絕緣體來防止電流流到*不該去之處*。

Make marks *wherever you have question*. (4.3-36)
碰到問題就作記號。

【諺】*Where there is a will*, there is a way. *有志者，事竟成。* (4.3-37)

對時間／地點這兩類副詞子句而言，有時可將子句的主詞及動詞省略簡化成副詞片語，特別是當子句的主詞與主句相同時。例如：

The procedures can be adjusted, particularly *where (they are) previously stated*.
程序可以調整，特別是前面提到的地方。 (4.3-38)

括號內的字可以省略，使子句簡化成片語。本章將在下一節專門探討片語。

條件副詞子句

搭配條件副詞子句的連接詞有 (only) if, unless, as/so long as, in case (that), supposed/provided/assuming (that), on condition (that), except that, granted that 等。中文習慣先講出條件，英文則先講後講都可以。條件子句還可按屬性進一步分成**真實條件句**及**虛擬條件句**，前者指確實可能發生的狀況，後者顧名思義是指不可能發生或違背事實的條件，只是打比喻用而已。例如：

The volume of a given mass of gas varies directly as the absolute temperature, *provided (that) the pressure does not change*. (4.3-39)
假設壓力不變，對定量氣體而言，體積與絕對溫度成正比。

Since the angle is small, we can approximate the swinging of a simple pendulum as a simple harmonic motion. (4.3-40)
既然角度很小，我們可以用簡諧運動來近似單擺的擺動。

上句中「壓力不變」或「角度很小」都是可能發生的，所以屬於真實條件子句。請讀者試造一句：

【仿】在以下討論中，*除非特別聲明*，不然我們都假設介質的吸收可以忽略。
(unless) (4.3-41)

至於虛擬條件子句，由於假設不可能發生或是根本違背事實，所以子句時態需倒退一級，例如以過去簡單式來描述與現在事實相反的假設，而以過去完成式來描述與過去事實相反的假設，以彰顯其虛擬性。下面為兩個例子：

If I were you, I wouldn't take the offer. (4.3-42)

如果我是你，就不會接受這個價碼。（此假設不可能發生）

此假設不可能發生，所以用過去式取代現在式，但又為了跟真正的過去式區別，所以刻意將 be 動詞寫成 were。再看一句：

If he had checked the data carefully, he would have noticed the mistake.
(4.3-43)

如果他有仔細檢查數據，就會發現錯誤。（此假設違背事實）

事實是他當時並未仔細檢查數據，因此這是個違背過去事實的條件子句，時態應採用過去完成式。

值得注意的是，if 子句有時會以倒裝句的形態出現：省略連接詞 if，並將情境 / 時態助動詞或 be 動詞移到子句主詞前，例如：

Should the current exceed the critical value, the interrupter will shut off the current immediately. (4.3-44)

一旦電流超過臨界值，阻斷器會立刻切斷電流。

讀者可以試著將 (4.3-42) 及 (4.3-43) 寫成倒裝句。

原因副詞子句

這種子句是用來說明原因，相關連接詞有 because, since = now that, as, that, for the reason that, inasmuch as, insomuch as 等。例如：

We had to stay one day longer *because* the weather was bad. (4.3-45)
因為天氣惡劣，我們得多停留一天。

Since the spontaneous emission is inhibited laterally, the vertical emitting efficiency should increase. (4.3-46)

既然水平方向的自發輻射受到抑制，鉛直發光效率應該會提升。

【仿】由於光學材料都多少有色散，色差不可能完全消除。 (4.3-47)

原則上原因副詞子句可以出現在主句之前或之後，但事實上英文喜歡先放主句，所以較常見的順序是「先果後因」，不像中文習慣「先因後果」。

結果副詞子句

結果副詞子句是用來描述主句中的作為導致的結果，習慣放在主句之後。連接詞有 so, so ... that, such ... that, inasmuch as 等。例如：

The induced emf is in *such* a direction *that* it opposes the change of current.
(4.3-48)

感應電動勢的方向與電流改變的方向正好相反。

請注意，therefore、thus、hence 及 furthermore 等雖然也可帶出描述結果的文字，但這些詞本身是副詞而非連接詞，不能直接引導子句，必須要有 and 的協助，例如：

第四章 科技英文文句的規則 105

Most of the energy is wasted as heat <u>and</u> *thus* the efficiency of the incandescent light bulb is low. (4.3-49)

大部份能量都以熱的形式浪費掉了，因此白熾燈泡的效率不高。

目的副詞子句

這類子句是用來說明目的，放在主句的前後都可以，但放在句首有強調的效果。連接詞有 (so) that, in order that, lest, for fear (that), with the purpose that, in the hope that 等。例如：

<u>*In order that*</u> *the structure can resist high seismic stresses*, this building adopted some of the state-of-art designs. (4.3-50)

為了讓結構能抵抗地震的應力，這棟建築採用了部份最先進的設計。

Iron products are often coated <u>*lest*</u> *they should rust.* (4.3-51)

鐵製品通常都會加上保護層，以免生鏽。

【仿】研究人員在表面製造紋理來消除鏡面反射，以便讓更多光能脫離 LED 晶粒。(*so that ...*) (4.3-52)

方式副詞子句

這類子句是用來說明方式（以⋯方式達成），常見於句尾，引導的連接詞有 as, like, as if, as though, in a manner that, in such a way that, to the extent that, to such an extent that, according as, in degree as, in (much) the same way as 等。例如：

Electric current flows through a wire <u>*like*</u> *tap water does through a pipe.*
電流流過導線，就像水流過水管一般。 (4.3-53)

The friction between two bodies is defined <u>*as*</u> *the force acts between them at*

their surface of contact so as to resist their sliding on one another. (4.3-54)
物體間的摩擦力被定義成*兩者的接觸面之間所產生用來抵抗相互滑動的作用力*。

【仿】每條帶電流的導線會在週圍產生磁場，*就像塊磁鐵*。 (4.3-55)

比較副詞子句

這種子句是用來比較主句及子句描述的內容，子句的位置因連接詞而異。常見的連接詞有 than, as ... as, not so as, the ... the 等。

Laser beam of lower power is used to read data from the disc *than (the laser beam is used) to write data into it.* (4.3-56)
用來從光碟中讀取資料的雷射光功率*比用來寫入資料的*低。

The thicker the wine is, *the* smaller the resistance is. (4.3-57)
導線越粗，其電阻就越低。

【仿】對半導體摻雜得*越多*，其導電性*越好*。(the ... the) (4.3-58)

讓步副詞子句

讓步副詞子句通常是用來表達語氣的轉折，相當於中文的「然而、儘管、不論…」，搭配的連接詞有 though, although/despite that, while, even if/though/when, whether (... or not), as, no matter how/when/where/who, however, whenever, wherever, whoever, notwithstanding (that) 等。例如

All substances, *whether they are gaseous, liquid or solid*, are made of atoms.
(4.3-59)
不論是氣體態、液態還是固態，所有的物質都是由原子構成。

The hydrogen produced by electrolysis is nearly pure, *though (it is) much more expensive than that obtained by thermal pyrolysis.* (4.3-60)
由電解法生成的氫氣幾乎是純的，*不過比熱裂解法得到的貴多了*。

Despite that jellyfish have no brains, they have survived more than 500 millions years. (4.3-61)
水母雖然無腦，但它們已經存活了超過 5 億年。

形容詞子句

形容詞子句就像形容詞一樣，是用來修飾句中的名詞或代名詞，被修飾的字稱為先行詞 (antecedent)，修飾用的形容詞子句通常以**關係代名詞** (relative pronoun) 有 that（取代人或物）, which（物）, who/whom（人）, whose（人或物）, as（人或物）, where（地點）, when（時間）, why（原因）…等連接，放在位先行詞之後。

形容詞子句按屬性還可分為限定性／非限定性形容詞子句兩種，我們分開來討論。在底下的例句中，我們以斜體字標示形容詞子句，以粗體字標示先行詞，並為關係代名詞加底線，以協助讀者辨識。

限定性形容詞子句

限定形容詞子句與先行詞之間沒有逗號隔開，意味著兩者關係密切。換言之，缺了限定形容詞子句，整句的意思往往就變得不完整。例如：

Something *that weighs one kilogram on the earth* would weigh only 166 grams on the moon. (4.3-62)
*在地球上重 1 公斤的東西*在月球上只有 166 公克重。

Madame Curie was the first scientist *who won the Nobel Price twice in the world.* (4.3-63)
*發現鐳元素的*居里夫人是世上第一個獲得兩次諾貝爾獎的科學家。

【仿】以氫為燃料的燃料電池可以用來驅動汽車。 (4.3-64)

讀者可能注意到，在討論同位語子句或形容詞子句時，that 都可以當連接詞，這兩者有差別嗎？

同位語子句前的 that 純粹做連接詞使用，本身沒有意義，而形容詞子句的 that 本身是子句的主詞，既要用來連接，又要代表**本位語**，兩者當然有差別。

帶領形容詞子句的關係代名詞一般是不能省略的，但也有例外，那就是當被修飾的名詞涉及方法 / 方向 / 時間 / 距離 / 後果 (way, direction, moment, distance, time, sequence) 時，往往不用關係代名詞就直接接上子句。例如

There are two *ways we measure the conductivity of metals.* (4.3-65)
我們有兩種*測量金屬導電性的方法*。

He was prompted into rage the *moment he discovered the truth*. (4.3-66)
他在*發現真象的那一刻*勃然大怒。

【仿】*光每秒行進的距離*大約是 30 萬公里。 (4.3-67)

非限定性形容詞子句

如果先行詞並沒有特別指定，而是泛指某一類事物，通常會以非限定形容詞子句加以形容。此時子句與先行詞之間是以逗號分開，甚至可能放在括弧內，兩者關係不很密切，只是補充說明用。例如：

Days and nights are very long on the **moon**, *where one day is as long as two weeks on the earth*. (4.3-68)

月球上的晝夜都很長，*其白晝等於地球上的兩週*。

A force can be shown by a **vector**, *the length of* <u>which</u> *stands for the magnitude of the force*. (4.3-69)

力可以用向量來表示，*其長度代表力的大小*。

Air is a mixture of **gases**, *most of* <u>which</u> *is nitrogen by volume*. (4.3-70)

空氣是多種氣體的混合物，*按體積計，大部份是氮氣*。

【仿】*比紅血球還小的電晶體讓原本笨重的電子裝置如收音機變得輕巧*。
(4.3-71)

由 as 引導的形容詞子句在科技英文中出現的頻率特別高，因此我們多花一些篇幅來介紹。這種形容詞子句可以置於句首、句中或句尾。例如：

<u>As</u> *is now well known to all*, molecules are made of protons, neutrons and electrons. (4.3-72)

如現在眾所周知的，分子是由質子、中子及電子所構成。

其他常見的 as 非限定形容詞子句還有：

as is now well known	眾所周知的
as is expected	一如預期的
as is often the case	如同常例
as the name indicates/suggests	顧名思義
as is often/already said/discussed	如經常 / 已經說過 / 討論過
as is shown in the figure/table	如圖 / 表所示
as is mentioned/explained above/before	如前面所述 / 解釋
as might have been expected	如同可能被預期的

【仿】 *如前面提過的*，光有兩種速度：相速度及群速度。 (4.3-73)

【仿】 *如圖所示*，一旦超過臨界電壓，電流會突然變小。 (4.3-74)

4.4 片語的使用

廣義地說，只要是形成不了句子的一串相關文字，都可以稱為片語，因此片語有很多種，例如

> The researchers made use of the new material in this new device. (4.4-1)
> 研究人員在這個新元件中用上了新材料。

其中 The researchers 及 the new material 是名詞片語，made use of 是動詞片語，而 in this new device 是介係詞片語。不過此處我們關心的是科技英文中常出現的**動名詞片語 (Gerund Phrase)**、**不定詞片語 (Infinitive Phrase)** 及**分詞片語 (Participial Phrase)**，它們經常被用來輔助敘述，其中分詞片語由於比子句精簡，在交待細節的同時還能限制句子的長度，使文句看起來簡潔、不累贅，因此出現的頻率特別高。我們分別討論如下：

動名詞片語

動名詞是名詞化的動詞，其的詞性是名詞，因此使用時應遵守名詞的文法規則。動名詞片語經常出現的用法：

➢ 做為受詞，出現在某些動詞（尤其是**感官動詞**，例如 see, feel, enjoy, like ...）或含介係詞的動詞詞組（例如 dream of, listen to, prevent from ...）之後。以下為數例：

I don't mind *waiting here*.　　　　　　　　　　　　　　　　　　　(4.4-2)
我不介意*在這裡等*。

He watched the mob *robbing his shop helplessly*.　　　　　　　(4.4-3)
他無助地看著暴民*洗劫他的商店*。

She dreamed of *being a ballet dancer*.　　　　　　　　　　　　　(4.4-4)
她夢想*成為芭蕾舞者*。

An insulating layer was added to prevent the electrons from *tunneling across the device structures*.　　　　　　　　　　　　　　　　　　　　　　　(4.4-5)
添加一層絕緣層以防止電子*穿隧通過元件結構*。

➢ 放在句首當主詞，用來描述動作。例如：

Adding dopants can increase the conductivity of the semiconductors.
*加入摻質*可以提高半導體的導電率。　　　　　　　　　　　　　　　(4.4-6)

The study showed that *changing the core size of the quantum dots* can adjust their emitting frequencies.　　　　　　　　　　　　　　　　　　　(4.4-7)
研究顯示*改變量子點內核的尺寸*可以調整它們的發光頻率。

【仿】*最佳化製程參數*或許能進一步提升元件效率。　　　　　　　(4.4-8)

➢ 放在介係詞 (by, for, in, of, ...) 之後當名詞，用來描述方法、目的及動作等。例如：

Hydrogen gas can be produced by *separating water* in a process called electrolysis.　　　　　　　　　　　　　　　　　　　　　　　　　　(4.4-9)
氫氣可透過*分解水*（稱為電解法）來產生。

A special apparatus was designed for *investigating this phenomenon*.
有一種特殊的裝置被設計用來*研究此現象*。 (4.4-10)

The main challenge in *measuring the transmittance* is that the transmitted light is too weak to be detected. (4.4-11)
*測量透射率量時*的主要挑戰在於透射光太弱以致於測量不易。

【仿】LED 的發光效率可以藉由*粗化晶粒表面*予以提升。(by) (4.4-12)

【仿】如果溫度變化夠小，*在計算膨脹係數時*，高階項可以被忽略。(in) (4.4-13)

不定詞片語

不定詞的形式是「to + 原型動詞」，它的作用簡單來說就是要避免句子裡同時出現兩個動詞。在句中加入 and 或 or 也可以解決同時有兩個動詞的問題，但如果兩個動詞不是很對等，例如有前後順序、因果等關係，往往會採用 to 來帶出第二個動詞。不定詞如果再加上相關的補語，就成了不定詞片語。

不定詞片語經常被放在句尾，可以做為名詞、形容詞及副詞之用。以下試舉數例，斜體字部份即為不定詞片語，句尾的括弧表明它們的詞性及角色：

They intended to *modify the current design*. (名詞，為 intend 的受詞)
他們打算*修改現行的設計*。 (4.4-14)

My duty is to *collect and analyze the data*. (名詞，為主詞補語) (4.4-15)
我的職責是*蒐集並分析數據*。

Solar cells use solar radiation *to produce electricity*. (副詞，修飾動詞 use)
太陽電池利用太陽輻射*來產生電*。 (4.4-16)

China was the first country *to invent the rocket*. (形容詞，修飾名詞 country)
中國是最早*發明火箭的*國家。 (4.4-17a)

相形之下，同樣的句子如果是以子句 (畫底線) 來修飾，就沒有那麼簡潔了：

China was the country <u>which first invented the rocket</u>. (4.4-17b)

【仿】我們利用原子力顯微鏡*來觀察樣品的表面特徵*。 (4.4-18)

【仿】據我所知，我們是全世界第一個*看到此現象的*研究團隊。 (4.4-19)

不定詞片語也有時候也出現在句首，多半是用來描述目的，此時的 to 有 in order to (為了要…) 的意思。例如：

To reduce the reflection, an anti-reflection layer is coated on the surface of the lens. (4.4-20)
為了降低反射，透鏡表面鍍了一層抗反射膜。

【仿】*為了防範未然*，我們事先將所有的窗戶都封起來。 (4.4-21)

上句中的不定詞片語也可以放在句尾，不過這樣一來就沒有放在句首那麼有強調的效果了。

➢ 分詞片語

在科技英文中，為了簡化及縮短文句，經常以分詞片語取代與主句共用主詞的形容詞子句或副詞子句。要將子句改寫成片語時，可移除共用的主詞部份，但是需設法反應出原始子句的主被動態及時態。如果子句原來是**主動態**，為了維持子句主詞的主動地位，應以**現代分詞片語**取代；若子句為**被動態**，為了表現子句主詞的被動地位，則以**過去分詞片語**取代。例如

> Astronauts *who perform tasks outside the space shuttle* get help from a robot arm. (4.4-22a)
> 在太空梭外執行任務的太空人可獲得機器手臂的協助。

此句的形容詞子句（斜體字）為主動態，其主詞 who 是主句主詞 Astronauts 的代名詞，相當於共用主詞，因此改寫成片語時可以移除 who，並將動詞 perform 改成現代分詞：

> Astronauts *performing tasks outside the space shuttle* get help from a robot arm.
> （子句為主動態 ⇒ 動詞改成現代分詞） (4.4-22b)

再看一例：

> The new design is much easier to fabricate (*when it is*) *compared with the old one*. (4.4-23a)
> 新的設計*與舊的相較*更容易製作得多。

此處由 when 帶領的是被動態的副詞子句，其虛主詞 it 是指主句主詞 new design，改寫成片語時將 when it is 移除，留下過去分詞 compared：

> The new design is much easier to fabricate (*when*) *compared with the old one*.
> （子句為被動態 ⇒ 動詞改成過去分詞） (4.4-23b)

(4.3-61) 中的讓步副詞子句也可以改寫成片語，但要注意將子句中的代名詞 they 還原成 jellyfish：

Despite having no brains, jellyfish have survived more than 500 millions years.
(4.4-24a)

讀者可能注意到以上三例將子句改寫成片語時，有的保留連接詞，有的省略，規則是什麼？

形容詞子句是靠關係代名詞（如 that, who, which, ...）來連接主句，代名詞是先行詞的分身，既然主句中已經有本尊，當然可以放心省略分身（像 (4.4-22b) 省略 who）。連接副詞子句的是從屬連接詞（如 although, because, when, where, ...），這些詞都帶有意義，所以通常要保留，句子才會完整，例如 (4.4-24)；不過如果連接詞是用來指時間 / 地點 / 原因，不保留也行得通，例如 (4.4-23b) 中的 when。

以下有更多例子：

The water energy can be collected from the tidal stations *located in the mouths of bays*.
(4.4-24b)
位於海灣口的潮汐發電站可以收集水的能量。

[*Since (it is)*] *composed of several different pure substances*, air is a mixture. 既然是由許多種純物質所組成，空氣是混合物。
(4.4-25)

【改】There are many kinds of steel, *each of which has its special uses in industry*.
（請將子句改成片語）
(4.4-26)

【仿】*受到初步結果的鼓勵*，該團隊決定將此方法推廣至其他具有類似性質的材料上。
(4.4-27)

以上的子句都是簡單式，按主被動直接以現在或過去分詞取代動詞即可改寫成片語；如果子句是完成式怎麼辦？

完成式有時態助動詞 has/have/had 先行，主被動態是反應在後面的過去分詞前面有沒有加 been，所改寫成片語時一律將時態助動詞寫成 having 即可。以下為一例：

After the researchers had deposited a layer of oxide, they began to fabricate patterns on the surface of the sample. (4.4-28a)
研究人員沉積了一層氧化物後，便開始在樣品表面製作圖案。

此處子句為主動態的過去完成式，要改寫成片語時，省略連接詞及主詞，將時態助動詞 has 改成 having，後面的動詞過去分詞不變：

Having deposited a layer of oxide, the researchers began to fabricate patterns on the surface of the sample. (4.4-28b)

再看一個子句為被動態現在完成式的例子：

Once the chip has been cleaned, it must be covered by a protection layer.
晶片一旦清潔過了，就必須覆蓋上一層保護層。 (4.4-29a)

按照上述規則，改成片語時會變成這樣：

Having been cleaned, the chip must be covered by a protection layer. (4.4-29b)

讀者可能會問：上兩例的子句中，不論原先是 has 或 had 都改成 having，那不就無法區分是現在或過去了嗎？別擔心，我們還有主要句子，所以仍舊能利用主句來反應時間上的差別。

【仿】一通過檢定，他立刻應徵那個職缺，並隨即被錄用。 (4.4-30)

以上我們根據片語的來源，介紹了動名詞片語、不定詞片語及分詞片語，接下來我們根據科技英文中常見的片語使用方式，分別介紹將片語作為前置狀語及後置定語兩種用法。

➢ 使用副詞片語作為前置狀語

修辭學中的「狀語」就是副詞，如果子句與主句共用主詞，或是子句採用虛主詞 (例如 it) 時，可將子句改成副詞片語置於句首，稱為「前置狀語」。在學術色彩較重的科技英文中，常以這種前置狀語來連接前後文、解釋圖表，或是說明條件。以下是幾個常見的前置狀語：

As shown/illustrated in Fig.1, ...
如圖一所示 / 呈現 …

As described/mentioned/stated above, ...
如以上所描述 / 提及 / 陳述 …

As previously described/mentioned/stated, ...
如先前描述 / 提及 / 陳述 …

If/When necessary, ...　　If required, ...
如果 / 當有需要時 …

When in use, ...　　使用時 …

等等，與主句一起使用的例子如下：

As indicated in the previous chapter, a beam of light can never propagate without spreading out.　　　　　　　　　　　　　　　　　　(4.4-31)
如上一章所指出，光束傳遞時必然會擴散。

【仿】如前次實驗所見，壓力上升會導致整體輸出功率降低。　　(4.4-32)

使用形容詞片語為後置定語

修辭學中的「定語」就是形容詞，如果文句中兩個動詞共用主詞，有時可將與第二個動詞相關的部份改成形容詞片語，置於主詞之後或句尾，即成為「後置定語」。例如：

> The rock sinks in the water and displaces an amount of water equal to its weight.
> 石頭沉入水中，並排開相當於它的重量的水。　　　　　　　　　　(4.4-33a)

此處「沉入水」與「排開水」有前因後果的關係，所以我們可以保留沉入水的部份（前因）當主要句子，將排開水的部份（後果）改寫成片語，作為後置定語用，於是句子就變成

> The rock sinks in the water, *displacing an amount of water equal to its weight*.
> 　　　　　　　　　　　　　　　　　　　　　　　　　　　　　　(4.4-33b)

【改】These new sensors can detect trace amounts of biological elements, which provides protection against infectious diseases. (4.4-34)

【仿】隨著溫度上升，元件的電阻增加，*消耗更多的電能*。　　　　(4.4-35)

不是只有現在分詞帶的片語才能當後置定語，形容詞子句中的主詞補語也可以當後置定語，底下以 capable 為首的片語就是典型的例子：

> Non-mobile robots, *capable of performing various industrial tasks tirelessly*, are widely used in automated factories nowadays. (4.4-36)
> *能執行各種任務的*固定式機器人目前被廣泛應用在自動化工廠中。

此句原本是「Non-mobile robots, which are capable of...」，其中 which 子句與主句的主詞都是指機器人，因此可以省略 which are，只留下 capable 之後的補語，換言之，將子句簡化成由 capable 領導的形容詞片語，照樣放在先行詞 robots 之後發揮修飾的作用。讀者可以仿照造句：

【仿】*能收集陽光並將之轉換成電能的太陽電池，已經越來越普及。*　　(4.4-37)

【仿】*知道此樣品的脆弱，研究人員特別小心地處理它。*(aware of)　　(4.4-38)

課後習題 (Homework)

Chapter 4. 科技英文文句的規則

一、句型結構分析練習

(a) 請標示出主要句子的**主詞**（圈起來）及**動詞**（畫底線）；

(b) 分別以方括號 [ ] 及圓括號 ( ) 標示出**子句**及**分詞片語**，並說明其類型與功能；

(c) 將整句翻譯成中文。例如：

(The tidal stations) are equipped with turbines [that spin as the tide flows through them, (generating electricity)].

答：[ ]：形容詞子句，用來修飾 turbines

( )：現在分詞片語，用來修飾 that (turbines)

中譯：潮汐發電站配備有渦輪機，當海潮流過時它們就會旋轉。

1. The device, which is made from nanostructured conducting polymer, is very sensitive and could detect the metabolites in just one drop of blood.

2. Hydrogels are 3D polymer networks that can hold a large amount of water without dissolving and have a structure similar to that of biological tissue.

3. Although hybrid cars have just moved into the automotive market over the past decade, they actually debuted over 100 years ago.

4. Far exceeding the energy efficiency of incandescent and fluorescent lights is solid state lighting which utilizes light-emitting diodes.

5. Geothermal energy such as hot water and steam generated in the interior of the earth can be accessed by drilling through the rock layers.

6. The collaboration between architects and engineers resulted in the Taipei 101 which is a steel and concrete-reinforced tower innovatively designed to resist high seismic and typhoon stresses.

二、各類型子句練習：請將**斜體字**部份改成【　】中指定的子句或片語（可視情況添加連接詞），然後與另一句合併成單一句子。

例：One form of water energy comes from tidal stations. *These stations are equipped with turbines.*

答：One form of water energy comes from tidal stations which are quipped with turbines.

1. *No object can move faster than light.* This is one of the basic conclusions of Einstein's Relativity. 【名詞子句 / 片語】
2. Our laboratory locates on the first floor of the Science Building. *The building was built 50 years ago.* 【形容詞子句 / 片語】
3. Hydrogen gas can be produced by separating water into hydrogen and oxygen. *This process is called electrolysis.* 【名詞子句 / 片語】
4. Semiconductors are the basic materials of integrated circuits. *Integrated circuits drive most of the electronic devices.* 【形容詞子句 / 片語】
5. Sound waves are disturbances of the medium. *Sound waves propagate in the medium.* 【地點副詞子句 / 片語】
6. Nano-scale materials have larger surface-to-volume ratio. *This indicates that they have more exposed surface than the bulk materials of the same volume.* 【名詞子句 / 片語】
7. *There are growing energy need and environmental concerns.* It is becoming increasingly necessary to turn to alternative resources. 【原因副詞子句 / 片語】
8. *Fossil fuels were formed from the remains of plants and animals millions of years ago.* They provide more than 85 percent of the world's energy. 【名詞子句 / 片語】

三、子句及片語練習：

a. 請以子句表達**斜體字**部份，寫成單一英文句子；

b. 再將**畫底線**的子句進一步精簡成片語（※ 不是每個子句都能簡化成片語）。

例：這些程序可以調整，<u>尤其是那些在前一章提到過的</u>。

答：a. These procedures can be adjusted, particularly those which are stated in the last chapter.

b. These procedures can be adjusted, particularly those stated in the last chapter.

1. *由 n 型及 p 型半導體組成的*發光二極體是新興的照明光源。

2. *光會干涉是光具有波動性*的重要的證據之一。

3. *雖然發光二極體在 1960 年代就已經研發出來*，它們直到 1980 年代才被廣泛運用。

4. *能捕捉風能並將之轉變成電能的*風力渦輪機(turbine)已經越來越普遍了。

5. *由於此光學元件只允許特定頻率的光通過*，因此可以充當濾波器使用。

6. *一旦外加電壓超過此電子元件的臨界值*，穿隧效應就會發生，*導致元件失效*。

7. 研究人員將溫度控制在 300 °C 以內，*好讓樣品不會因為過熱而變質*。

四、時態運用規則練習：請依文意採用最恰當的時態造句；不限一句。

1. 太陽電池能將太陽輻射直接轉換成電能，提供乾淨又便宜的再生能源。

2. 在以下的討論中，除非是特別聲明，不然都假設溫度的變化可以忽略。

3. 在這個實驗中，我們讓雷射光通過樣品並與參考光產生干涉，然後根據干涉圖形推算出樣品的折射率。

4. 雖然科學家當時還不清楚此現象背後的原理，但已經將它應用在日常生活中。

5. Oxford 團隊已經製作出這項設計的原型，他們正在尋求業界的合作，希望能在未來幾個月內將它商業化。

6. 我們的實驗架構與 MIT 團隊不同之處，在於我們在樣品前加入一個光圈，濾掉了入射光的高頻部份。

第 5 章

科技英文常見句型

本章我們特別來探討科技英文中常見的幾種句型，包括被動句型、否定句型、強調句型及 It be/There be 句型。被動語態的文法已經在第二章介紹過了，此處我們將進一步討論在什麼情形下需要使用被動句型。否定句型可依照否定的程度，細分成全部否定、部份否定及雙重否定等，由於牽涉到邏輯關係，初學者很容易誤解，所以值得特別探討。我們還會以例句來介紹科技英文中也很常見的強調句型（包含 IT be 句型）及 There be 句型在；此外，在最後一節中我們將換個角度，從「除錯」(debug) 的觀點出發，看看哪一些是科技英文中不宜出現的句型。

5.1 被動句型

英文比中文更常採用被動語態。對主動語態 (active voice) 而言，由於主詞就是執行動作者，這種語態的文句表達通常比較直接、主觀，給人的感覺比較主動、活潑，被動語態 (passive voice) 則因為是以動作作用的對象為主詞，給人比主動語態更客觀、平靜的印象。中文天生多半採用主動語態，英文則兩種語態都算常見，而科技英文為了突顯客觀性，會比一般英文更常使用被動態。

有些英文句子雖然可以同時寫成主動及被動形式，但兩者強調的對象不同，效果當然不一樣。科技英文經常因為需要彰顯動作作用的對象（例如樣品、儀器、實驗…），或突顯事件的共通性（例如水分子可以分解成氫及氧，誰來做結果都一樣）等各種目的，而採用被動語態。所以要學好科技英文，讀者有必要熟悉一下主被動語態的差別。

不過，被動語態不宜使用得太頻繁，如果整篇文章從頭至尾都採用被動語氣，文章會顯得生硬呆板，就像機器譜出來的音樂一樣，精準無誤但缺乏「生氣」。筆者當年在英國留學時，常聽到系上教授抱怨手下的德國裔博士班學生寫出來的論文讀起來硬梆梆，跟儀器的使用說明書 (manual) 沒兩樣，原因就是被動語態用得太頻繁。因此，讀者在撰寫文章時最好平衡一下，主動及被動語態輪流使用。

被動語態的形式為 §2.4 提到的**基本句型 4**，即

「主詞 + (be + 過去分詞) + by + 施動作者」

被動語態中的主詞，通常對應到主動態動詞的受詞，譯成中文時常會透過「被」、「由」、「受」、「為⋯所」等詞來表現被動語態。例如：

The compass was invented by the Chinese long ago. (5.1-1)
羅盤是很久之前，中國人所發明。

Telescopes are used to observe celestial objects that are too distant to be seen by naked eyes. (5.1-2)
望遠鏡是用來觀察因為太遙遠所以肉眼看不見的天體。

英文在哪些情況下需要使用被動語態呢？一種情況是執行動作者本身無關緊要，或者眾所周知，所以不需要說出執行者；再來是接受動作者或動作本身比執行者還重要，為了強調所以將接受動作者當成主詞；另外，在有些例子中，我們根本不清楚執行動作者的身份，因此選擇忽略不提。針對以上各種情形，底有不同的例子做為示範：

Resistance is measured in ohm. (5.1-3)
電阻是以歐姆為單位來度量。（不需提動作者）

The suspect was arrested in a supermarket last night. (5.1-4)
嫌犯昨晚在一間超市被補。（不用說也知道是被警方逮補）

Up to 90% of the energy in a lightbulb is wasted in the form of heat. (5.1-5)
燈泡中高達 90% 的能量都以熱的形式浪費掉了。（說不出動作者）

Besides voltage, resistance and capacitance, an AC current is also influenced by inductance. (5.1-6)
除了電壓、電阻及電容，交流電流還會受到電感的影響。（強調接受動作者）

【仿】第一台電磁發電機是由 Michael Faraday 所建造。 (5.1-7)

第五章　科技英文常見句型

【仿】超過 100 人死於那場地震。 (5.1-8)

中文為多為主動態，因此在翻譯英文被動句時，未必一定要保持被動態，有需要時甚至可以自行添加主詞，以求文句通順。例如：

Iron and steel are used in almost every industry. (5.1.9)
幾乎所有工業都要用到鋼鐵。(譯成主動態)

A force is needed to stop a moving body. (5.1-10)
要使運動中的物體停下來，需要施力。(中文為無主詞主動態)

It has been found that these two experiments were based on the same setup. (5.1-11)
有人發現這兩個實驗都是根據相同的實驗架構。(加主詞「有人」)

If the I-V curve of a device is linear, the device is said to be ohmic. (5.1-12)
如果元件的 I-V 曲線為線性，我們就說該元件是歐姆元件。(加主詞「我們」)

【仿】要產生雷射必須先達成居量反轉。(Population inversion ...) (5.1-13)

【仿】每個實驗都需要做誤差分析。(Error analysis ...) (5.1-14)

科技英文中還有一種常見的被動句型是

「It + be + 過去分詞 + that 子句」

它是以虛主詞 it 引導，後面以 (be+ 過去分詞) 形式出現的通常是與知覺或表達有關

的動詞，例如聽說、注意、相信、發現、謠傳、強調 (say、notice、believe、find、rumor、emphasize) 等，而 that 之後的子句才是整句的重點，(5.1-10) 就是一例。這裡還有更多的例子：

It is said that the radiating behavior of atoms can be changed by altering the environment. (5.1-15)
據說原子的發光行為會隨著環境而變。

It is noticed that in addition to its high conductivity, copper is corrosion resistant and easily processed. (5.1-16)
人們發覺銅除了導電性高，還能抗腐蝕，而且容易加工。

It is stressed that the field of science may be divided into two major areas: natural science and social science. (5.1-17)
有人強調科學可以分成兩個領域：自然科學與社會科學。

【仿】眾所周知光纖通訊有頻寬大、速度快的優點。 (5.1-18)

5.2 否定句型

中文與英文不只文法不同，連邏輯關係都有些許差異，例如中英文對於否定的概念就有一部份很不一樣，在接下來要討論否定句型中，我們就可見到端倪。

英文按照否定的程度，可以分為**全部否定**、**部份否定**及**雙重否定**三種，我們依序介紹。

全部否定

全部否定顧名思義就是完全或全面地否定某個事件、身份狀態及關係，它的中英文邏輯相似，因此可以直接翻譯。常見的英文否定單詞如下：

no、not、none、never、nobody、nothing、nowhere、neither、nor … 等，其中 no 的否定語氣比 not 還強烈，例如：

He is *not* a graduate student. 他不是研究生。 (5.2-1)

He is *no* graduate student. 他根本不是研究生。(有貶抑之意) (5.2-2)

Nothing can be done to improve the current situation. (5.2-3)
沒有什麼措施能改善目前的狀況。

如果處理的對象不是單數，通常會用 none 或 neither 來表示全盤否定。這兩個字中文雖然都翻成「全都不」，但數量有別：none 用於三者（含）以上，而 neither 只限於兩者。例如

None of these metals has reflectance higher than silver. (5.2-4)
這些金屬的反射率沒有一個比銀高。(銀的反射率比這些金屬都高)

Neutrons carry *neither* of the positive or negative charges. (5.2-5)
中子正負兩種電荷都不帶。

【仿】當意外發生時，沒有人知道該如何反應。 (5.2-6)

【仿】截至目前，全世界沒有一間實驗室能重覆他們的結果。(none) (5.2-7)

部份否定

英文常用部份否定,中文也有類似語法。部份否定需要兩個字的詞組來表達,其中一個字用來表示否定,另一個字負責定否定的義範圍或程度,例如:

"all/both ... not"(不全都是)

"every ... not"(並非每一)

"not ... many/much"(不多)

"not ... often/always"(不常 / 不總是)

等等。例句如下:

【諺】*All* that glitters is *not* gold. (5.2-8)
發光的*不全*都是黃金(中看的未必都中用)。

Not all metals are solid at room temperature. (5.2-9)
*並非所有*的金屬在室溫下都是固體。(有些金屬在室溫下不是固體)

Every instrument in this lab is not produced locally. (5.2-10)
本實驗室裡*並非*每台儀器都是國貨。

He has not found *many* useful clues from the documents. (5.2-11)
他*並未*從文獻中找到許多有用的線索。

【仿】並非所有的人都同意他的提議。 (5.2-12)

雙重否定

英文的雙重否定也需要以詞組來表達,而且兩個字都帶否定的意思。常用的雙重否定

詞組如下：

"not ... not/no"（沒有…沒有）

"without ... not"（沒有…就不）

"no/not ... but"（沒有…不）

"never ... without"（每逢…總是）

"not ... until"（直到…，才）

"not/never ... too ... "（不…太，即越…越好）

"nonetheless ... "（不因…就不）

"no ... other than"（不是別的、正是）

等等。例句如下：

There is *no* grammatical rule that does *not* have exceptions.　　(5.2-13a)
*沒有*一條文法規則*沒有*例外。

Without silicon, we *cannot* develop semiconductor industry.　　(5.2.13b)
如果*沒有*矽，我們就無法發展半導體工業。

中文較少出現雙重否定的用法，所以將雙重否定的英文句子翻譯成中文時，多半會採取「負負得正」的策略，譯成邏輯上意思相等的中文肯定句。例如 (5.2-13a) 相當於：

Every grammatical rule has exception.　　(5.2.14)
每條文法規則都有例外

又例如：

The specimen can *never* be probed by the electron beams *without being damaged*.　　(5.2-15a)
以電子束偵測樣品*不可能不*損及樣品。

「負負得正」後意思相當於

Whenever the speciment is probed by the electron beams, it is damaged.
只要是以電子束偵測樣品，都會造成樣品的損傷。 (5.2-15b)

又例如：

Aluminum could not be produced on a large scale *until* the electrolytic process for its reduction has been discovered. (5.2-16)
*直到*發現電解法能還原鋁之後，鋁才得以量產。

【仿】誠摯的道歉永遠不嫌太遲。(never ... too) (5.2-17)

【仿】沒有 60 年代雷射的發明，全像術不可能在幾年後實現。(without ... not) (5.2-18)

【仿】全像術是在 1947 年由 Dennis Gabor 所提出，但直到高同調光源問世後，才有可能實現。(not ... until) (5.2-19)

意義上的否定

英文中有些單字或詞組本身帶有否定的意思，因此句子形式上是肯定句，但意義上卻是否定句。含負面意義的單字可能是動詞、名詞或形容詞，例如：

fail, forbid, prevent, exclude, deprive, unable, incapable, unavailable, absence, ...

以下試舉幾個例句：

It is the aberration which causes the lens *fail* to image sharply. (5.2-20)
像差是造成透鏡無法清晰成像的原因。（動詞 fail 有失敗之意）

In the *absence* of the magnetic field, the electron beam will move in a straight line. (5.2-21)
無磁場時，電子束呈直線前進。（名詞 absence 代表缺少）

【仿】光纖材料的色散及吸收*限制*了光訊號傳遞的距離。 (5.2-22)

【仿】他的自滿與固執，*讓他無法*取得更高成就。(*prevent from*) (5.2-23)

詞組也能含有負面的意義，底下是幾個較常見的負面含意詞組：

but for（若非）	free/safe from（免於）,
in vain（無效，徒然）	far from（一點也不）
instead of（與其，取代）	rather than（而不是）
too ... to（太…以致於不）	by no means（一點也不）

等等。根據筆者的經驗，這種負面含意的詞組很容易讓讀者誤解文義，因此我們多舉幾個例子來說明並強化印象：

This problem is *far from* being complicated. (5.2-24a)
= This problem is *by no means* complicated. (5.2-24b)
這個問題*一點也*不複雜。

Instead of publishing the result immediately, he chose to perform more measurements. (5.2-25)
與其立即發表實驗結果，他選擇做更多量測。

Farad is too large a unit to be used in ordinary expeirments. (5.2-26)
法拉這個單位太大，不適合用來進行一般實驗。

【仿】決定此元件性能的是臨界電壓而非電流。(rather than). (5.2-27)

【仿】Mary 太年輕了，不能單獨出國旅行。 (5.2-28)

否定式問句

中英文邏輯最大的差異出現在否定式問句，因為他們的答案正好相反！這個有趣的現象卻是許多人學習英文時的一大困擾。我們來看一個簡單的否定式問句：

Are you not going to the party tonight? (5.2-29a)
你今晚不去參加派對嗎？

答案只有兩種：去 (接受) 或不去 (拒絕)，但中英文的回答是有差異的：

No. I am not going. 是的，我不去。 (5.2-29b)

Yes. I will go. 不，我會去。 (5.2-29c)

請注意，斜體字部份的中英文正好相反。如果決定不去，中文會根據問句及「否定的肯定就是否定」，而回答「是」，但英文不管問句是肯定式或否定式，不去就一律回

答 No。同樣道理，如果決定要去，中文會根據「否定的否定就是肯定」這種「負負得正」的邏輯而回答「不」，英文則直接回答 yes。

【仿】A: 你不認為他的推論合理嗎？
B: 不，我的看法跟他一樣。(即認為推論合理) (5.2-30)

中英文對否定式問句回答的差異，經常讓佬外搞不清楚華裔朋友的回答究竟是接受或拒絕，有時甚至會造成誤會，所以讀者如果碰到否定式問句，回答時務必要特別小心。

5.3 強調句型

英文可以為了強調句子中的某個成份，而改變詞序、添加或選用特定字詞，或採用特定句型。句子中哪些部份可以被強調呢？受詞、主詞補語、受詞補語、副詞、分詞…等，都可以是強調的對象，但是因為詞性、位置不一樣，強調的方法也各不相同。以下我們依照不同的強調方法來討論。

▶ 透過改變詞序來強調

一般英文句子的句首通常是主詞，但是強調句型會將句子倒裝，把欲強調的部份放在句首或往前移。具體的作法視動詞而異，動詞如果是 be 動詞，直接移至主詞前即可；如果動詞是一般動詞，則必須在主詞前插入相應的時態助動詞，再將動詞恢復原形，改寫規則類似疑問句中的動詞。讀者如果看過「星際大戰」系列電影，一定會注意到絕代武士中的尤達 (Yoda) 大師特別愛用這種句型，已經到了「每出口，必倒裝」的地步。

以下我們按強調的部份不同，一一舉例討論。

強調受詞

含有受詞的句子以**基本句型 3**（主詞 + 動詞 + 受詞）為代表，底下這個句子就是一例：

> They found no *defects* in the sample. (5.3-1a)
> 他們在樣品中找*不到任何缺陷*。

為了強調動詞 found 的受詞 no defects，我們將它移至句首，接著在主詞 they 之前插入助動詞 did（此處為過去式），動詞則恢復原形，整個句子改寫成倒裝句的形式：

> *No defects* did they find in the sample. (5.3-1b)

就達到突顯受詞的目的。我們再看一個例子：

> *Little* did the workers know that their company had already been sold to an international enterprise. (5.3-2)
> 員工們*幾乎不*知道他們的公司已經賣給一家國際企業了。

> 【仿】我們在實驗中未曾觀察到任何顯著的改進。(*No...*) (5.3-3)

強調主詞補語

底下這個句子符合**基本句型 2**（主詞 + 動詞 + 主詞補語）：

> The laws dealing with the effects of speeds on the air resistance are *of special interests*. (5.3-4a)

> ⇒ *Of special interests* are the laws dealing with the effects of speeds on the air resistance. (5.3-4b)
> 令人*特別感興趣*的是探討速度如何影響空氣阻力的定律。

此處我們將欲強調的主詞補語 of special interests 移至句首，再將 be 動詞移至主詞前。再舉數例：

Most impressive is the application potential of graphene as transparent electrodes. (5.3-5)

最令人印象深刻的是石墨烯作為透明電極的應用潛力。

With the increase of research and application in nanotechnology also comes increased risk. (5.3-6)

隨著奈米科技的研究與應用增加，風險也升高了。

【仿】最重要的是關鍵技術的取得。 (5.3-7)

強調副詞

副詞可以出現在文句中不同的位置，例如修飾動詞用的副詞最常出現在動詞前後。以倒裝句來強調副詞時，將副詞移至句首，然後按照問句的規則改寫句子。例如下面的句子欲強調的是 never 一詞：

He has *never* failed to complete his mission before. (5.3-8a)
⇒ *Never* has he failed to complete his mission before. (5.3-8b)
他從未曾無法完成使命。（他以前總是能完成使命）

底下這一句欲強調的則是時間／地點／條件…等副詞或副詞片語：

Under no circumstances can one object move faster than the speed of light. (5.3-9)

(= In any circumstance, no object can move faster than the speed of light)
無論如何，物體的移動速度不可能超過光速。

【仿】我從未見過比她還謹慎／懶散／心不在焉／工於心計的人。(Never ...) (5.3-10)

(5.2-19) 的 not...until 否定句也可以透過倒裝的形式，強調「直到…才」，例如：

Not until the birth of highly coherent light source, was it possible to realize the holography proposed by Dennis Gabor in 1947. (5.3-11)
直到高度同調性的發光源誕生，才有實現丹尼斯蓋博於 1947 年提出的生像術的可能。

強調受詞補語

在**基本句型 6**（主詞 + 動詞 + 受詞 + 受詞補語）中，修飾受詞用的受詞補語也可以成為強調的對象。如果補語是形容詞，只需跟受詞交換位置，如果補語是分詞片語，則可以移至句首。

The invention of optical fibers made the high-speed digital communication *possible*. (5.3-12a)

⇒ The invention of optical fibers made *possible* the high-speed digital communication. (5.3-12b)
光纖的發明使高速數位通訊有可能實現。

受詞補語是分詞片語的情況，我們與接下來強調分詞的情況合併一起討論。

強調現在 / 過去分詞

Enclosed are the blueprints of all components. (5.3-13)
*內裝的*是全部零件的設計藍圖。

【仿】*隨此電子郵件附上的*是第三章作業。(attach) (5.3-14)

Constantly growing is the amplitude of the voltage oscillation. (5.3-15)
*不斷增加的*是電壓振盪的振幅。

【仿】損害最慘重的是地下室的實驗室。 (5.3-16)

▶ 藉由添加或選用特定字詞來強調

語助詞 do 本身沒什麼意義，但添加到句中就有強調「一定、務必」或是「的確」的效果。它必需放在動詞之前，而且得隨時態及人稱變化。例如

Do oil the elements so as to lessen the friction. (5.3-17)
*務必*給零件上油，以減少摩擦。

They *did* try every means to improve the accuracy of the measurement.
他們*的確*嘗試了各種方法來改進量測的精準度。 (5.3-18)

【仿】證據顯示他們之間*的確*曾有肢體衝突。 (5.3-19)

另外有些字彙本身就有強烈的意義，放在句中也能有強調的效果，例如 indeed（確實）、hardly（幾乎不）、must not（絕對不）、definitely（肯定地）、absolutely（絕對地）、certainly（無疑地）、moreover（此外、更有甚者）… 等等，讀者很容易利用字典掌握它們的含意，此處不再贅述，唯一要特別提醒的是 hardly 一詞，它的意思是「幾乎不」，很容易造成解讀錯誤；例如：

The change of temperature is so small that we can *hardly* perceive it.
溫度變化如此小以致於我們*幾乎無法*查覺。 (5.3-20)

▶ 採用特定句型來強調

採用 it be 句型也能達到強調的效果。這類句子的型式如下：

「It is/was + 被強調的部份 + that/who … 」

後面經常跟著一個形容詞子句，被強調的部份可能是該子句的主詞、受詞或副詞等，我們以斜體字標示出要被強調的部份。以下是幾個例子：

It is *the gravitational force* that makes objects fall toward the ground.
是*地心引力*使物體落向地面。（強調子句之主詞） (5.3-21)

It was *in 1957* that mankind launched the first satellite into space. (5.3-22)
是*在 1957 年*人類發射第一顆衛星進入太空。（強調子句之副詞）

It is *from the X-ray spectrum* that we identify the chemical composition of the sample. (5.3-23)

我們是*從 X 光光譜*鑑識出樣品的化學成分。（強調子句之副詞）

It was *the electron microscopes* that scientists had used to explore the world in nanoscale. (5.3-24)
科學家用來探索奈米世界的（工具）是*電子顯微鏡*。（強調子句之受詞）

【仿】第一個將太空人送入太空的是*蘇聯而非美國*。 (5.3-25)

【仿】學生的排名是*按照學分權重後的總分*。 (5.3-26)

5.4　There be 引導句型

英文中的 there be 相當於中文的「有」；讀者請注意，此處的「有」是指「有…存在」的「有」，與 exist 的意思相近，而非「擁有」的「有」。例如：

There are eight planets in the solar system. (5.4-1)
太陽系*有* 8 顆行星。

在這種句型中，句首的 There 是個虛主詞，be 動詞後面的補語才是句子表達的重點，因此翻譯成中文時，通常需挪用補語中的字詞來當主詞。最常見的作法是將句中的地點或時間副詞譯成主詞，(5.4-1) 就是將地點副詞 in the solar system 譯成主詞「太陽系」。再看幾例：

There is no object in absolute state of rest in the universe. (5.4-2)
宇宙中沒*有*處於絕對靜止的物體。

There were three typhoons invading Taiwan last year. (5.4-3)
去年*有*三個颱風侵襲台灣。

【諺】Where there is a will, there is a way. (5.4-4)
有志者，事竟成。

【仿】台灣*有* 2300 萬人。 (5.4-5)

【仿】由實驗數據看來，此樣品中*有*微量的氮化物。 (5.4-6)

萬一 There be 句型中缺乏可以挪來充當主詞的副詞，只好從 be 之後的主詞補語中找對象。例如：

There are two kinds of electric circuits - digital and analog. (5.4-7)
電子線路*有*兩種，即數位線路和類比線路。

There are many forms in which energy can be stored. (5.4-8)
儲存能量的形式有很多種。

有時候在英文句子中，真的找不到適合的字當主詞，也可以譯成無主詞的中文：

Whenever anything burns, *there is* a chemical change. (5.4-9)
每當任何東西燃燒時，就有化學變化發生。

請根據這些規則，以 There be 模仿造句：

【仿】機械能有兩種：動能及位能。 (5.4-10)

【仿】相較於氮化鎵與空氣，藍寶石與空氣之間有較小的折射率差。 (5.4-11)

5.5 宜避免出現的句型

本章前幾節介紹了科技英文中常見到的句型，接下來我們逆向思考，來看看哪些是科技英文中應該要避免出現的句型。筆者在此先聲明，底下即將介紹的這些是「應該避免」而非「錯誤的」句型，換言之，這些句型文法上並沒有錯誤，它們之所以被列為「不適宜」，主要是因為句子的結構組成不理想，可能因此導致文意模稜兩可、重點失焦、容易造成誤解，或甚至僅僅是讀起來比較不通順、理解上比較費力罷了。

以下我們就針對各種「不宜」句型來一一討論。

不宜句型一：句子頭重腳輕

這類句子的比例分配很不均勻，主詞很長而補語很短，導致句子頭重腳輕。這種情況最常出現在以名詞子句或片語當句子的主詞時。例如：

> In this paper, *the spontaneous emission of a two-level atom <u>embedded in a three-dimensional photonic crystal</u>* is studied. (5.5-1a)

上句中斜體字表示的名詞片語是句子的主詞，長度大約佔了整個句子的八成，後面只接一個被動態動詞。主詞會這麼長，主要是因為包含了一個分詞片語（劃底線部份），用來修飾 atom，這種作法在科技英文中很常見。然而由於主詞太長，整個句子顯得頭重腳輕，而且讀者幾乎得整句從頭讀到尾，才能知道全句欲表達的意思。

相同的句子如果改成以主動態表示，可以寫成這樣：

> In this paper, the authors study *the spontaneous emission of a two-level atom <u>embedded in a three-dimensional photonic crystal</u>*. (5.5-1b)

斜體字部份變成 study 的受詞，而加底線部份以分詞片語的身份放在句尾，用來修飾 study 的受詞。這樣的好處是句子不再頭重腳輕，而且句中主要成份（主詞、動詞及其受詞）排在前面，讀者即使還沒看到加底線部份，也能大致理解句子想表達的意思。

不宜句型二：動詞距離主詞太遠

在簡單的英文句子中，動詞通常緊接在它的主詞後面，§2.4 中基本句型一就是現成的例子，其中 (2.4-1) 更是主詞加動詞就構成了完整的句子。相形之下，在 (5.5-1a) 中，主詞 the spontaneous emission 因為後面接了一長串文字修飾，與動詞 is studied 就隔得老遠。又例如：

> *Angus and his classmates* with some teachers and parents from Richmond Middle School <u>went</u> to Greenwich for a field trip. (5.5-2a)

此句的主詞（斜體字）與動詞（加底線）因為相距太遠，根本落在不同行。如果將修飾主詞的文字移至句尾，改寫成這樣：

Angus and his classmates went to Greenwich for a field trip with some teachers and parents from Richmond Middle School. (5.5-2b)

主詞與動詞的距離馬上拉近許多，也不會影響句子的意思。

話雖如此，受限於科技英文要求描述精準確實的天性，有時候還是很難避免主詞與動詞相距甚遠的情形，底下就是一例：

In this method, a metal bar *cooled to a low temperature to minimize the random thermal motions of its atoms* is monitored by an array of sensors. (5.5-3)

上句中斜體字部份是用來修飾主詞 metal bar，它的存在迫使動詞 is monitored 與主詞隔得老遠，然而將它移至他處會影響修飾的效果，甚至改變修飾的對象，所以只能以這種「雖不滿意，但能接受」的形式呈現。

▶ 不宜句型三：修飾詞安放的位置不妥

有一回筆者請學生將「中村修二於 1990 年代採用氮化鎵晶粒 (GaN chips) 來製作藍光發光二極體。」寫成以 GaN chips 為主詞的英文被動態句，底下分別是學生 A 及學生 B 的作品

GaN *chips* were employed *to create blue-light LEDs in 1990s* by Shuji Nakamura. (by Student A) (5.5-4a)

GaN chips were employed by Shuji Nakamura *to create blue-light LEDs in 1990s*. (by Student B) (5.5-4b)

句中的 to create blue-light LEDs in 1990s 是不定詞，做為副詞來修飾動詞 were employed，說明目的；by Shuji Nakamura 是介係詞片語，也用來修飾動詞，說明施動作者是誰。這兩句都符合文法，差別在於 by Shuji Nakamura 在句中的位置一前一

第五章　科技英文常見句型　▶▶ 145

後，然而就效果來看，B 句會優於 A 句，原因是中文句子是以人為主詞，改成英文被動句後人雖然不再是主詞，但地位還是比不定詞來重要，所以位置應更靠近它修飾的對象；此外，描述目的不定詞片語有時候長度相當可觀，置於句中既累贅又容易害讀者看丟了重點，如果放在句尾就沒有這些毛病。

再看一個例子，「這項新技術可以應用在可見光到紅外光之間任何有半導體光源存在的頻率範圍。」：

> This new technique can be applied in any frequency range <u>from the visible to the infrared</u>, *where there exists semiconductor light source*. (5.5-5a)

其中 where 子句（斜體字）及 from 片語（加底線）都是用來修飾 frequency range，依文意來看，前者顯然比後者重要。(5.5-5) 沒有文法問題，但 where 子句的位置並未緊鄰被修飾的 frequency range，之間還隔著 from 片語，這就犯了修飾詞離修飾對象太遠的毛病。如果改成底下這樣：

> This new technique can be applied in any frequency range *where there exists semiconductor light source*, <u>from the visible to the infrared</u>. (5.5-5b)

讓修飾詞貼近修飾的對象，就沒有問題了。

▶ 不宜句型四：無意義地將句子複雜化

有些讀者不知道哪來的觀念，以為把句子寫得越長、越複雜，就代表英文程度越好，甚至為了讓句子加長，刻意以詞組來取代簡單的動詞。例如：

> After turning on the applied voltage, the atoms *undergo fluorescence* immediately. (5.5-4)

此句中的 undergo flurenscence（發出螢光），是由動詞加名詞構成的詞組，完全可以用單一動詞 fluorensce 取代。這種畫蛇添足、兜圈子說話的毛病在中文也越來越常見，坊間戲稱患了「語言癌」，例如我們會聽到電視主播說「警方正在進行一個調查的動作」，而不是「警方正在調查」。

還有人會利用子句或片語來加長句子，這也是無意義的畫蛇添足，例如：

The energy that is dissipated in process A is greater than the energy that is dissipated in process B. (5.5-5)

這個句子根本可以直接寫成

More energy is dissipated in process A than in process B. (5.5-6)

同樣道理，底下這一句

The ability of an electron microscope to resolve nanostructured systems is higher than that of an optical microscope. (5.5-7)

也可以精簡成

An electron microscope can resolve nanostructured systems better than an optical microscope. (5.5-8)

我們在第一章我們曾提到科技英文程度好壞的評量標準是「信達雅」，其中「雅」是指簡潔優美，換言之，科技英文比一般英文更崇尚簡潔而精準，所以請採用簡單直接的文字及句型結構來表達，凡是寥寥數句便能交待清楚的內容，就不要刻意加入多餘的字詞或採用複雜的句子。

課後習題（Homework）

Chapter 5 科技英文常見句型

一、**主被動句型練習**：請按指示翻譯或改寫下列句子。

1. Dr. F. Porsche developed the *first hybrid car* <u>at the turn of the 20th century</u>.

    (a) 改寫成主動態是非問句；

    (b) 以斜體字為主詞，改寫成被動態肯定句；

    (c) 以畫底線部份為對象，將 (b) 的結果改寫成被動態問句。

2. <u>An electric motor</u> can transform *electric energy* into mechanical energy.

    (a) 以畫底線部份為對象，改寫成 Wh 問句；

    (b) 以斜體字為主詞，改寫成被動態肯定句；

    (c) 以畫底線部份為對象，將 (b) 的結果改寫成被動態問句。

3. The researchers deposited *a layer of silica* on the substrate to provide insulation.

    (a) 以斜體字為主詞，改寫成被動態肯定句；

    (b) 以斜體字為對象，將原句及 (a) 的結果分別改寫成主動及被動態 Wh 問句。

4. 這個困擾科學家達一世紀的問題，終於在去年被解決了。

    (a) 以「問題」為主詞，譯成英文被動句；

    (b) 以「科學家」為主詞，譯成英文主動句。

5. 附在這篇報告之後的是<u>實驗架構的示意圖</u>。

    (a) 譯成英文被動倒裝句；

(b) 以畫底線部份為對象，譯成被動態 Wh 問句；

(c) 譯成英文主動句 (可自行加入適當的主詞)。

6. 計算靜電學問題時經常將無窮遠處的電位設為零。

(a) 譯成英文被動句；

(b) 譯成英文被動態 Why 問句；

(c) 以「我們」為主詞，譯成英文主動句。

二、否定句型及強調句型練習： 中譯英或英譯中，若題目中有畫底線部份，翻譯時需加以強調。

1. Not all that oppose you are your enemies.

2. None of them took responsibility for the damage resulted from their thoughtless action.

3. He will never rest until he finds the whole truth.

4. Should you have any question about our proposal, please let us know as soon as possible.

5. The researchers decided to employ other semiconductors such as gallium arsenide instead of adding more dopants into the silicon substrate.

6. It is the density of an object rather than its mass that determines if it will float on water or not.

7. Holography could hardly be realized until the laser technology became mature in1960s.

8. 上述這三種方法沒有一種適合用來製作有機半導體發光元件。

9. 本系不是所有的研究生都能準時取得碩士學位。

10. 沒有大氣層的保護，地球上沒有生物能禁得起太陽輻射。

11. 我們之中沒有人會操作這台儀器。

12. 造成這場浩劫的不是天然災害，而是人為疏失。

13. 他昨晚離開實驗室時的確有關掉那台機器的電源。

14. 不可能找到他還沒試過的方法（他每種方法都試過了）。

三、There + be 句型練習：中譯英或英譯中

1. There are 30 students in our class.

2. Is there any medical doctor in this aircraft?

3. There is nobody but dresses in black in the ceremony.

4. Is there a manager that I can speak to?

5. There are always two sides of the same coin.

6. As long as there is profit, there will be people willing to try their luck.

7. 地球上的一年有 365 天。火星的一年有幾天？

8. 我們系上全盛時期有多達 10 位教授、6 位副教授、3 位助理教授及 2 位講師。

9. 下週將有一場商業展覽及一場學術會議分別在北高兩市舉行。

10. 再生能源有數種，包括太陽能、風能、水力、地熱及核能。

11. 按增益介質的狀態來分，雷射有三種：氣體雷射、液體雷射及固態雷射。

12. 樣品的吸收頻譜中有兩個峰值，對應到兩個不同的能階躍遷。

第 6 章

科技英文段落分析與寫作

在先前的章節中，我們讓讀者練習了各種時態及句型的造句，不過大多侷限於單一句子，頂多是穿插了子句或片語，讓句子變長；本章我們將進一步探討如何將數個相互關連的句子組織起來，形成段落 (paragraph)。

關於英文段落的撰寫，筆者先來分享一位筆者熟識的留美學者的親身經驗：當年這位學者初抵美國，為了加強自己的英文能力，特地參加學校開辦的英文寫作訓練課程。第一天上課，老師要求學員寫一篇自我介紹的短文，這位學者提筆洋洋灑灑寫了一整頁，心想寫這麼多應該差不到哪裡去吧？不料老師看完第一句話是「你怎麼能寫這麼多文字而完全不分段？」原來他老兄從一開始介紹自己的名字到最終談及畢業後的願景，全都一股腦兒放在一起，從頭至尾只有一個段落，反而讓閱讀的人找不到重點。

這個故事告訴我們一件事：光是將相關的句子放在一起，只能稱為一組句子 (a set of sentences)；要成為段落，句組除了內容必須圍繞共同的主題，在結構上還得符合一定的邏輯關係。

6.1 段落的結構

段落是由數個內容相關的句子所組成。在科技英文中，這些句子可能是要描述一件事的前因後果、介紹某個領域的發展，或是闡述某個論點等，在過程中也許需要將有關的人事時地物、前題、條件、方法或目的交待清楚，或許還得列舉正反面例子做為示範，甚至可能對類同或相反的事物進行比較。

這些關係看起來很眼熟，是吧？沒錯，我們在第四章就探討過這些邏輯關係了，只是當時只限單一句子，所以是以子句或片語來進行，而在這一章，我們要學習透過段落來描述這些關係。事實上，科技性文章不論主題的差異有多大，內容大多脫離不了這些邏輯關係。

段落既然可以包含各種邏輯關係，長度應該很可觀吧？那倒不一定，段落可長可短；

短的一、兩句就自成一段，長的十來句也不嫌多。一般來說，段落在結構上大致上可分成三部份，依序是**引言 (introduction)**、**正文 (body)** 及**結論 (conclusion)**。有些段落的結構未必很明顯，有些可能省略結論，有些甚至只有一句引言。

我們可以透過底下的範例，來瞭解段落的結構：

【例 6.1-1】

The most basic definition of nanotechnology is the process of assembling and manipulating materials discovered at the nanoscale level. 〉引言 The nanoscale measures materials smaller than microscopic objects on a scale ranging approximately from 1-100 nanometers (nm). A nanometer is one millionth of a millimeter; to put this into perspective, one sheet of paper is 100,000 nanometers thick. The atomic scale is actually smaller than the nanoscale (a nanometer is roughly the size of three or four atoms), but the nanoscale is the first point at which any materials can be assembled. 〉正文 Nanoscience is the research to discover the properties and behavior of these nanoscale materials and to develop beneficial ways to use them. 〉結論

(6.1-1)

摘自 JoAnne Juett, *English for Specialized Science and Technology*, Ch.16 (Cosmos Culture, 2010)

此段文字具有完整的引言、正文及結論三部份結構，以下我們一一討論它的的特性及內容。

▶ 引言 (Introduction)

引言出現在段落最前面，通常只有一、兩句，其中最重要的是**主題句 (topic sentence)**。主題句往往是段落的第一句，用來點出該段的主旨，換言之就是「破題」。科技英文講究明確信實，不崇尚包裝，所以大多採取直接破題，雖然也有個別

作者偏愛賣關子，喜歡兜一圈才亮出底牌，但那是行有餘力之後才能投的變化球，初入門者還是按步就班從主題句下手，比較不會出錯。

【例 6.1-1】的內容是介紹奈米科技 (nanotechnology)，其引言以藍灰色字體呈現，它同時也是這一段文字的主題句，內容與翻譯如下：

> The most basic definition of nanotechnology is the process of assembling and manipulating materials discovered at the nanoscale level. (6.1-1a)
> 奈米科技的最基本定義是組裝及操縱奈米級材料的過程。

此主題句是從製作及操控的角度來定義什麼是奈米科技，先確立了整段的主旨，引導出後續的正文加以闡釋。

正文 (Body)

位於引言及結論之間的文字都算是正文，它可能由數個句子組成。正文是主題句的延伸，它可以是補充敘述，進一步交待人事時地物等客觀資訊，也能用來解釋前因後果，分析邏輯關系或舉正反例子說明，還可以比較相似性或差異性。範例一中的黑色字體部份即是該段的正文，內容如下：

> The nanoscale measures materials smaller than microscopic objects on a scale ranging approximately from 1-100 nanometers (nm). A nanometer is one millionth of a millimeter; to put this into perspective, one sheet of paper is 100,000 nanometers thick. The atomic scale is actually smaller than the nanoscale (a nanometer is roughly the size of three or four atoms), but the nanoscale is the first point at which any materials can be assembled. (6.1-1b)
> 奈米尺度探討的比微米物體還小的材料，尺度分佈約從 1-100 奈米 (nm)。1 奈米是毫米的百萬分之一，更具體地說，一張紙的厚度為十萬奈米。事實上，原子尺度比奈米還小 (1 奈米約 3~4 個原子大小)，但奈米是所有材料可以被組裝的第一個尺度。

【例 6.1-1】的正文部份只有三句，它的內容包含三個重點：(1) 具體說明奈米尺度的大小範圍，(2) 與紙張厚度及原子大小作比較，讓讀者更清楚掌握奈米尺度的大小，最後 (3) 指出奈米尺度的特殊地位。

結論 (Conclusion)

結論通常位於段落的最後幾句，它的作用是呼應主題句，並總結整段文字。作法上，經常以不同的字彙或換一個敘述角度來重寫主題句，達到強調的作用；如果文章後面還有其他段落，有時候也會過調整語氣或轉換話題來引導出下一個段落，換言之，就是「埋話頭」。

在【例 6.1-1】中，以藍色字體顯示的最後一句就是結論：

> Nanoscience is the research to discover the properties and behavior of these nanoscale materials and to develop beneficial ways to use them. (6.1-1c)
> 奈米科學是一門研究，目的是要發覺這些奈米級材料的特性及行為，並發展出能有益應用它們的方法。

此結論再一次定義了什麼是奈米科技，但是有別於主題句是從製作及操控的角度出發，它改成由研究的觀點來看奈米科技，亦即換了個角度描述，的目的是要呼應主題句。

我們再來看一個例子：

【例 6.1-2】

The laser is a quantum-mechanical device that manages to produce its "marvelous light" by taking advantage of the subtle ways in which atoms interact with electromagnetic radiation. } 引言

To gain a solid, if only introductory, understanding of how the laser works and what makes its emissions so special, we'll first lay out some basic theory about ordinary thermal sources, such as lightbulbs and stars. That will require an introduction to blackbody radiation, but those insights are also basic to any treatment of the interaction of electromagnetic radiation and matter. To that will be added a discussion of the Boltzmann distribution as applied to atomic energy levels. } 正文

With this to stand on, we can appreciate the central notion of stimulated emission via the Einstein A and B coefficients; the rest, more or less, follows. } 結論

(6.1-2)

摘自 E. Hecht, *Optics*, Ed.4, Ch.13, pp.581(Addison Wesley, 2002).

【例 6.1-2】摘錄自大學光學 (optics) 課程的教科書，這一段文字的引言（灰藍色字體）直接指出雷射 (laser) 是一種量子元件，它是利用原子與電磁輻射的交互作用來產生的「神奇之光」；接著在正文（黑色字體）裡指出，為了要了解雷射如何運作以及發出的光為何如此特殊，作者得先引述一些關於燈泡及恆星等普通熱源的基本原理，例如黑體輻射，此外還需要討論玻茲曼分佈 (Boltzmann distribution)，以便應用在原子能階上。

與前一例較為不同的是，本段的結論（藍色字體）並未像【例 6.1-1】那樣呼應引言，換個說法來描述雷射，而是順著正文的邏輯思路推演，指出有了上述理論基礎，我們就可以透過愛因斯坦 A、B 係數來領悟受激輻射的核心概念。換言之，這裡的結論目的是在引出下一段文字，進入雷射相關原理的探討。

6.2 段落的分類

了解段落的組織結構之後，本節中我們進一步來探討段落的類型。段落可以根據段落的目的 (purpose) 來分類，也可以區分成不同的體裁 (style)，而不同目的的段落又適合以不同的體裁來撰寫，例如記敘體經常被用來介紹某項原理或技術的發展歷程，而說明實驗步驟則沒有比流程體更方便的體裁了。以下我們先來認識各種段落的目的，然後介紹不同的段落體裁，最後探討如何以各種體材來撰寫不同目的的段落。

段落的目的

段落可以用來達成描述、解說、指示、論證或分類等一種或多種目的，如圖 6-1 所示。為了避免流於抽象，以下我們在解釋各種段落目的時，將以發光二極體 (LED) 為主題，舉例說明不同目的適用的場合。

描述（Description）
述說某些觀察／聽聞／學習到的事件經過或事物的性質

例：介紹 LED 的發展沿革

解說（Explanation）
說明某事件發生的原因或某裝置運作的原理

例：解釋 LED 的發光原理

指示（Instruction）
說明執行某工作或操作某儀器的方法或步驟

例：按先後順序介紹 LED 的製作過程

論證（Argument）
討論某事或某物的優劣／影響，並與其他事物做比較

例：比較固態照明與傳統照明的效率

分類（Classification）
將事物按其性質的異同與以分類

例：按發光物質的狀態將照明分類

圖 6-1 文字段落的目的

- **描述 (Description)**：敘述某些觀察／聽聞／學習到的事件經過，或描述某些事物的性質，例如介紹發光二極體的發展沿革；

- **解說 (Explanation)**：說明某事件／現象發生的原因，或解釋某項裝置運作的原理；例如解釋發光二極體的構造及發光機制；

- **指示 (Instruction)**：說明執行某項工作或操作某個儀器設備的方法或步驟，經常會按時間先後順序或邏輯因果關係以條列的方式呈現；例如介紹發光二極體的製作過程；

- **論證 (Argument)**：討論某事物的優缺點或造成的影響，並與其他相關事物做比較；例如針對以發光二極體為基礎的固態照明，比較其與傳統氣態照明在效率及其他方面上的優缺點；

- **分類 (Classification)**：將事物按性質的異同，加以歸納及分類；例如按照發光物質的物理狀態，將照明設備分類成燈泡、螢光燈及發光二極體。

以下是兩段與發光二極體相關的文字，讀者能分辨它們對應到上述哪一種段落目的嗎？

【例 6.2-1】

Appearing as practical electronic components in 1962, the earliest LEDs emitted low-intensity infrared light. Infrared LEDs are still frequently used as transmitting elements in remote-control circuits, such as those in remote controls for a wide variety of consumer electronics. The first visible-light LEDs were also of low intensity and limited to red. Modern LEDs are available across the visible, ultraviolet, and infrared wavelengths, with very high brightness.

(6.2-1)

摘自維基百科 https://en.wikipedia.org/wiki/Light-emitting_diode

【例 6.2-2】

Most LEDs use inorganic semiconductors, but there is growth in the use of organic LEDs (OLED) as well. OLEDs use organic semiconductor materials – carbon-based small molecules or polymers – which are layered and electrically charged to provide luminescent emissions. OLED materials make semiconductors flexible and thus more versatile in application, and OLED lighting is brighter, faster, and more transparent then LED lighting. Already OLEDs are less expensive than LEDs, and when their reliability is improved, they may replace all earlier sources of lighting. (6.2-2)

摘自 JoAnne Juett, *English for Specialized Science and Technology*, Ch.13, (Cosmos Culture, 2010)

答案揭曉：前一段的內容介紹發光二極體的沿革，屬於段落目的分類中的「描述」，而後一段文字先大致介紹有機發光二極體的興起，隨即闡述它相對於無機發光二極體的種種優點，所以在段落分類上偏向「論證」目的。

段落的內容除了因目的而異，還需視讀者的身分程度、應用的場合及篇幅限制等因素而調整。比方說，寫給專業人士看的文章，內容可以深入細節，技術含量高一點也無妨，但如果讀者設定為一般民眾，段落內容就得要淺顯直白，避免採用冷僻的專業術語；同樣道理，寫給國小學童看的文章不只內容必須簡化，用字遣詞也得更貼近日常生活，儘量沖淡技術性，因此描述會多於解說。

例如，底下兩段文字都是用來解釋什麼是光纖 (optical fibers)，讀者分得出哪一個是寫給社會大眾，哪一個是給兒童看的嗎？

【例 6.2-3】

An optical fiber is a flexible, transparent fiber made by drawing glass (silica) or plastic to a diameter slightly thicker than that of a human hair. Optical fibers are used most often as a means to transmit light between the two ends of the fiber and find wide usage in fiber-optic communications, where they permit transmission over longer distances and at higher data rates than wire cables.

(6.2-3)

【例 6.2-4】

An optical fiber is a semi-flexible, transparent, and extremely thin strand of pure glass that has the diameter of a human hair. Thousands of these strands are arranged in bundles to make a thicker cable. Since glass is optically transparent, we are able to send information-laden rays of light over long distances.　(6.2-4)

答案揭曉：雖然這兩段文字在分類上都屬於「解說」目的，但前者摘錄自給一般社會大眾瀏覽的維基百科網站 (https://en.wikipedia.org/)，後一段則來自印度的兒童學習網站 mocomi (http://mocomi.com/)，讀者應該不難看出這兩段的內容及遣詞用字確實有程度上的落差。

▶ 段落的體裁

為了應付不同的目的，段落會以各種不同的體裁呈現，常見的體裁包括記敘體、敘述體、流程體及比對體，分別介紹如下：

記敘體 (Narration)

這類型的段落主講求客觀地記錄一個事件或場景，通常不帶個人感情，也不做引申、推衍或評判。這種段落體裁適合用在描述或解說目的上，因此在教科書、論文或科技性報導中非常普遍，底下便是摘自大一普通物理教科書上的例子：

【例 6.2-5】

Until the beginning of 19th century, light was considered to be a stream of particles emitted or reflected by the object being viewed. Isaac Newton, the chief architect of the particle model of light, held that particles were emitted from a light source and that these particles stimulated the sense of sight upon entering the eye. Using this idea, he was able to explain the reflection and refraction of light. (6.2-5)

改寫自 R.A. Serway and J.W. Jewett, *Physics for Scientists and Engineers with Modern Physics*, 9th Ed, Ch.35 (Books/Cole, 2014)

這段文字介紹了光粒子說的發展，是記敘體的標準應用。文字內容是說，一直到十九世紀初，光都被視為是微粒子，而此學說主要的支持者是牛頓，他認為是這些粒子進入人類肉眼激發了人的視覺，並利用此概念解釋了反射與折射的現象。

敘述體 (Description)

敘述體是從個人觀點描述事情或場景，作者敘述自己感官（看、聽、聞…）接收到的訊息，並且常會加入聯想、憶測、評論等個人的感受。這種體裁因為摻入作者個人的觀點及情緒，客觀性較薄弱，不太被講究嚴謹的教科書、論文或科技性報導所採用，反而較常出現在追求個人風格或戲劇性的科普著作中。底下為一例：

【例 6.2-6】

The problem was to find the right law of beta decay. There appeared to be two particles, which were called a tau and a theta. They seemed to have almost exactly the same mass, but one disintegrated into two pions and the other into three pions. Not only did they seem to have the same mass, but they also had the same lifetime, which is a funny coincidence. So everybody was concerned about this. (6.2-6)

摘自 Richard. P. Feynman, *Surely You're Joking, Mr. Feynman!*, p.247 (W.W. Nortondo Company, 1985).

這段文字摘自知名物理學家費曼 (Richard. P. Feynman) 的半自傳式著作《別鬧了，費曼先生》（"Surely You're Joking, Mr. Feynman!"），文中以生活化的口吻描述了當時物理學界正在研究的 Beta 衰變現象。平易近人又帶點詼諧是費曼的招牌作風，這種風格雖然能拉近作者與讀者的距離，但因為過於個人化及隨興，並不適合用在正式嚴肅的科學著作上。

流程體 (Process)

這種體裁適合用來說明事件的經過、執行的步驟或邏輯上的條件。作法上經常以主題句破題，然後以條列的方式敘述內容。如果條列敘述的內容有先後順序的關係，還經常會加上項目符號或甚至編號。流程體由於體裁比較特殊，不受 §6.1 中的段落結構的拘束。

流程體特別適合用來指示或解說，尤其是與時間順序息息相關的內容，因此常見於操作指南型的文件，例如食譜、使用手冊、實驗步驟等。底下為一例：

【例 6.2-7】

Conditions for Choosing a Gaussian Surface

1. The value of the electric field can be argued from symmetry to be constant over the portion of the surface.

2. The dot product **E** · *d***A** can be expressed as a simple algebraic product $E\,dA$ because **E** and **A** are parallel.

3. The dot product is 0 because **E** and **A** are perpendicular.

4. The field is zero over the portion of the surface.

    (6.2-7)

摘自 R. A. Serway and J.W. Jewett, *Physics for Scientists and Engineers with Modern Physics,* 9th Ed., Ch.24 (Books/Cole, 2014)

這段文字摘自大一普通物理的教科書，列舉了應用電磁學中的高斯定律 (Gauss's law) 時，選取高斯面 (Gaussian surface) 時要注意的幾個條件。此例中的各項條件彼此獨立，並沒有先後順序的關聯，但原作者還是加上編號以方便區別。

比對體 (Compare and Contrast)

這種體裁顧名思義是用來檢視性質相似或是有競爭關係的事物，指出其中的相似／相異之處，或是比較兩造的優缺點。這種體裁常用於論證或分類目的，例如：

【例 6.2-8】

More than 85% of the world's energy is provided by petroleum, coal and natural gas, which are called fossil fuels. Fossil fuels are formed very slowly from buried organism millions of years ago. The viable reserves of fossil fuels are limited and are thus gradually being depleted. The emissions from burning fossil fuels also pose a threat to the eco-system. On the other hand, renewable resources such as solar energy and wind power are naturally regenerated. They can provide energy in a sustainable way at a cost of negligible or even no hazardous emissions.

(6.2-8)

這段文字先說明石化燃料提供了全球 85% 以上的能源，然後介紹石化燃料的來源，接著比較了它與太陽能或風力發電等再生能源的供應永續性，以及這兩類能源對生態環境的影響。

科技領域追求改良、變化與創新，相關文章中不免需要比較新舊技術、不同方法或同類型事物之間的優缺點，所以比對體出現的機率比在一般英文中來得高，在介紹背景或下結論的段落中尤其常見。

各類型段落的混用

上面介紹的各種段落類型並沒有嚴格的使用規則，各類型之間也沒有明確的分野，讀者可視段落目的採用最適合的體裁，在一個段落中穿插混用不只一種體裁的情形也很常見。以【例 6.2-8】為例，若將其前半段描述石化燃料的部分歸類為記敘體，我們便可將它視為是記敘體與比對體混合組成的段落。

以一篇標準的學術論文來說，文章結構大概包含背景介紹、研究動機說明、原理介紹、公式推導、實驗架構說明、實驗步驟描述、結果分析與討論及結論等單元，由於各單元的目的與性質不同，適用的段落體裁組合也有異，例如論文最開頭的背景介紹通常是描述研究主題的發展歷程，可能需要比較先前相關研究的成果或不同研究團隊

的作法，所以經常採用記敘體搭配比對體，而論文中描述實驗步驟的部分，雖然也能以記敘體處理，但若需要彰顯前後順序，最好是以條列形式說明，此時流程體正好派上用場。

下表為學術論文各單元適合採用的段落體裁，讀者不妨參考：

表 6-1　學術論文各單元適用段落體裁

論文單元	適用段落體裁
背景介紹 (Background Introdution)	記敘體／比對體
研究動機 (Research Motivation)	敘述體／比對體
原理介紹 (Theory)	記敘體／流程體
公式推導 (Formulation)	記敘體／流程體
實驗架構 (Experimental Setup)	記敘體／敘述體／流程體
實驗步驟 (Experiment Procedure)	流程體／記敘體
結果分析與討論 (Analysis and Discussion)	記敘體／比對體／流程體
結論 (Conclusion)	記敘體／敘述體

撰寫科技英文時，雖然採用哪一種類型的段落並無硬性規定，但讀者仍有幾點需要注意：首先，科技英文講求客觀，因此除了特定場合（例如科學家傳記）外，寫作時不建議突顯個人風格，應儘量保持客觀筆調，務求平穩信實。

其次，現行流通的體裁都是經過許多人經年累月的使用及檢驗，才成為目前公眾認可接受的 (well-accepted) 溝通模式，所以讀者在撰寫文章時，內容可以創新，但不建議自己發明新體裁或新格式，以免增加溝通說明上的困難，畢竟文章是要寫給別人看的。

最後，撰寫時雖然可以視情況混用各種體裁，但一段文字內不應包含太多體裁，以免造成段落內容太複雜，或是長度變得過長；事實上，與其在一段文字內使用兩種以上

的體裁，不如將內容拆成數個文字段落，每段分別以單一體裁來執行一種目的，效果會更好。

6.3 段落的寫作

我們在前幾節中分析了科技英文的段落結構，並介紹各種類型的段落，接著便來說明如何撰寫段落。在動手撰寫段落之前，不妨先根據主題，思考一下想要涵蓋的範圍，並一一列出相關的重點，換句話說，就是先草擬段落的大綱。

一般英文段落涵蓋的不外乎「人、事、時、地、物」五個面向，科技英文也不例外，這五個面向的比重隨段落內容走向而異，而且受到段落目的、篇幅大小、寫作對象⋯等的限制，不是每個面向都需要出現。例如介紹技術發展的段落可能著重在「時、事」，而且「事」重於「時」；說明元件或儀器運作機制的段落或許根本不會提及「人、時、地」三項；而講述科學定律的段落則可能只專注於「事」。此外，基於科技追求創新進步的天性，科技英文段落在這五個面向之外通常還要加上「評比」，對應到英文相當於「What、When、Where、Who、Why、How」以及「Compare」。這「5W1H1C」便成為我們草擬段落大綱時的參考項目。

對於一些目標簡單、內容侷限於同一面向的「專一型」段落，例如用來說明定義、公式或原理之類的段落，由於內容相對單純，讀者甚至可以省略擬大綱的步驟，直接著手撰寫英文段落。底下是兩個例子：

【例 6.3-1】說明靜電學 (Electrostatics) 中的庫倫定律 (Coulomb's Law)

分析：靜電學中的庫倫定律數學表示式如下：

$$F = k\frac{q_1 q_2}{r^2} \tag{6.3-1}$$

其中 F 是靜電作用力，q_1、q_2 是兩個點電荷的電量，r 是點電荷間的距離，k 是庫倫常數。此公式說明了兩個點電荷之間的作用力大小與它們的電量乘積成正

比，而與它們的距離平方成反比。以英文來描述，此定律可以直接寫成段落如下：

Coulomb's Law

The magnitude of the electric force between two point charges is directly proportional to the product of the charges and inversely proportional to the square of the distance between them. If the two charges are of the same sign, the force is repulsive; otherwise, attractive. (6.3-2)

【例 6.3-2】說明阿基米德原理 (Archimedes's Principle)

分析：阿基米德原理是由頂頂大名的希臘科學家阿基米德所發現，它是流體力學中的基本物理定律，內容是說浸泡在液體中的物體所受的浮力大小等於該物體所排開的液體重量。根據這些已知的事實發揮，我們可以寫成英文段落如下：

Archimedes's Principle

Formulated by the famous Greek scientist Archimedes, Archimedes's principle is a physical law fundamental to fluid mechanics. It states that an upward buoyant force is exerted on a body immersed in a fluid, whether it is fully or partially submerged. The magnitude of the force is equal to the weight of the fluid that the body displaces. (6.3-3)

【仿】說明反射定律 (Law of Reflection)

分析：光學上的反射定律是指光束照射在物體表面時，入射光、反射光及表面的法線會共平面，且反射角會等於入射角。請以一段英文描述此定律。日常生活中的各種平面或曲面鏡都是靠反射定律來操作。

有別於「專一型」段落的「精而深」，「綜合型」段落包含的面相較多，所以它的特色是「廣而淺」。由於涵蓋的範圍廣，每個面向只能點到為止，無法太深入，加上還要顧及各面向之間的銜接，內容的選擇與安排就更重要了，撰寫前最好先規劃大綱，比較能有效掌握段落的內容。

接下來我們就以電容器 (capacitors) 為主題，示範如何撰寫綜合型段落。我們首先列出希望在段落中涵蓋的面向，此處我們選擇 what、how 及 compare 三個面向，並在每個面向底下列出一至二個要點。我們先介紹什麼是電容器，描述其外觀及用途，接著討論電容器的組成及操作原理，包含電容器的構造及運作的物理機制，最後再拿它與常見的電阻器 (resistor) 作比較，討論兩者在能量方面的表現。具體大綱呈現如下：

【例 6.3-3】電容器 (The Capacitors)

➤ What: 什麼是電容器
- 外觀及用途

➤ How: 電容器的組成及操作原理
- 基本構造—導體及介電材料
- 導體及介電材料的作用

➤ Compare: 與電阻器的比較
- 電阻器消耗能量而電容器儲存能量
- 電容器透過電場來儲存能量

要將上面列出的大綱全收入一個段落，每項大概只容我們以寥寥數句來表達，以免段落太長。讀者如果覺得直接以英文撰寫段落有困難，可以採兩段式作法，亦即先設法寫出中文段落，再改寫成英文。底下是按上述大綱寫成的中文段落：

電容器

電容器是一種具有兩個接頭的電子元件，在電路中被廣泛用來儲存電能。電容器有很多種，它們都含有至少兩個以介電材料隔開的導電板。導電板可能是金屬薄片或電解質等，而非導電性的介電材料則可能是玻璃、陶瓷、塑膠或空氣等，用來提升電容器儲存的電荷量。有別於電阻器，理想的電容器不會消耗能量，而是將能量以電場的形式儲存在兩塊電極板之間。

細心的讀者可能已經注意到，此中文段落是依照 §6.1 介紹的段落結構來安排，符合科技英文常見的「引言 - 正文 - 結論」的架構模式。事實上，在規劃段落大綱時，如果能按照「5W1H1C」來規劃，將 What 及 Compare 分別置於段落的頭尾做為引言及結論，其他項目放在中間做為正文，就很容易滿足「引言 - 正文 - 結論」模式。

底下是由中文改寫成的英文段落：

Capacitors

A capacitor is a two-terminal electrical device widely used in the electric circuits to store electrical energy. There are many types of capacitors, all containing at least two conductors separated by a dielectric. The conductors can be foils or electrolyte etc. The nonconducting dielectric, which can be glass, ceramic, plastic, air etc., acts to increase the capacitor's charge capacity. Unlike a resistor, an ideal capacitor does not dissipate energy. Instead, it stores energy in the form of an electrostatic field between its electrodes. (6.3-4)

筆者在此必須強調，這種「先寫中文，再改寫成英文」的兩段式作法，只適合做為學習過渡時期的權宜之計，不宜成為常態，原因在於由中文改寫成英文的過程中，撰寫者容易落入逐字翻譯的窠臼，最後輾轉得到的英文段落難脫「中式英文」的毛病；再者，中英文的邏輯及思考方式有落差，撰寫者的思路受到中文的限制，反而不利於寫出流利通暢的英文，所以理想的做法還是直接由大綱撰寫英文句子，再發展成英文段落。

【仿】水力發電 (Hydroelectric Power)

請參考下列大綱，撰寫一段英文介紹水力發電。

- **What:** 什麼是水力發電
  - 將水流攜帶的能量轉換成電能
  - 瀑布、河流、潮汐

- How: 水力發電的原理
  - 需要水壩、水車等裝置
  - 水流推動渦輪機發電
- Compare: 與其他發電方式相較
  - 環保、再生能源

在下一個例子中，我們將以「固態照明」(solid-state lighting) 為共同主題，分別示範如何撰寫綜合型及專一型段落。我們先根據主題發想，列出想要納入段落的大綱：

【例 6.3-4】固態照明 (Solid-State Lighting)

- What: 什麼是固態照明
  - 固態照明以發光二極體為光源
  - 與傳統氣態照明的差別 *
- How: 說明固態照明的原理
  - 發光二極體的構造
  - 發光二極體發光的原理
- Compare: 與傳統照明作比較
  - 比較固態 / 傳統照明的優缺點
  - 對使用者及社會的影響 *

與固態照明相關的內容當然不只這些，但是一個段落不宜包含太多面向，此處我們選擇只針對 what、how 及 compare 及它們底下的部份要點（忽略有加 * 號者）來撰寫。事實上，如果一個段落包含過多重點，反而會使內容變得太複雜，導致讀者抓不到重點，就像本章開場所描述的故事一樣。與其因為貪多而失焦，不如把內容按性質拆散，以數個段落分別表達不同的重點。

在底下的綜合型段落中，我們先介紹什麼是固態照明，接著解釋固態照明的操作原理，最後再比較固態照明與傳統照明的優缺點：

拜發光半導體進步之賜，科學家們已經發展出固態照明技術。固態照明的基本元件是發光二極體。發光二極體是由 n 型及 p 型半導體構成，兩者分別提供電子及電洞。外加電壓驅使電子及電洞在二極體內復合，並將多餘的能量以光子的形式發射出。固態照明可以應用在任何傳統照明使用的場合，大幅節省耗電。

Through the advances in light-emitting semiconductors, scientists have developed the techniques of solid-state lightings. The basic devices of solid-state lightings are light-emitting diodes (LEDs). LEDs are composed of n-and p-type semiconductors, which provide electrons and holes, respectively. An external voltage drives the electrons and holes to recombine in the diode. The excessed energy is emitted in the form of photons. Solid-state lightings can be employed in any situation where the traditional lighting is used, offering significant saving in electricity consumption. (6.3-5)

接著，我們示範在同一主題下，同樣根據【例 6.3-4】中的大綱，將上述綜合性段落依性質拆開，並將大綱中加註 * 號的部分加進來擴充內容，撰寫成底下的三個段落：

Through the advances in light-emitting semiconductors, scientists have developed the techniques of solid-state lightings. The basic devices of solid-state lightings are light-emitting diodes (LEDs) which are fabricated from compound semiconductors, such as GaAs or GaN. Unlike incandescent bulbs or fluorescent lamps which are gaseous devices, LEDs are solid electronic components, making them much more compact and robust. (6.3-6)

The center of a LED is a tiny chip composed of n- and p-type semiconductors which provide electrons from the conduction band and holes from the valence band, respectively. An external voltage drives the electrons and holes to recombine at the junction of the two materials. The excessed energy is emitted in the form of photons. Since the frequency of the photon is determined by the bandgap energy of the semiconductor, LEDs are essentially monochromatic.

To produce white light, either LEDs of different colors must be combined or phosphorous coatings must be used to convert the light from LEDs. (6.3-7)

Apart from the aforementioned advantages, LEDs surpass gaseous devices in many aspects, including higher energy efficiency, longer lifetime and faster switching. Solid-state lightings can be employed in any situation where the traditional lighting is used, offering significant saving in electricity consumption. As their performance keeps being improved, solid-state lightings have replaced incandescent bulbs and became an alternative to fluorescent lambs in the market. (6.3-8)

以上三個段落是分別根據【例 6.3-4】中大綱的 What、How 及 Compare 三項撰寫而來，每段各司其職，又指向共同的主題，三者合起來就構成了一篇有主題貫串且結構分明的科技短文。事實上，一篇科技文章不論長短，都可以透過這種方式來產生，即便是嚴謹的學術論文，也可以視為是由幾個子標題 (subtitle) 帶領的短文所組合而成。

在最後一個例子中，我們以「電子顯微術」(Electron Microscopy) 為題，示範撰寫綜合型及專一型段落。電子顯微術是以光學顯微術為基礎發展而來，儀器的基本架構與傳統光學顯微鏡很類似，因此我們選擇以大家較熟悉的光學顯微術為例來說明。底下是我們草擬的段落大綱：

【例 6.3-5】電子顯微術 (Electron Microscopy)

➤ What: 什麼是電子顯微術
- 以電子束檢測樣品

➤ How: 說明電子顯微鏡的架構
- 以光學顯微鏡為例
- 兩大類型的電子顯微鏡 *

➤ Compare: 與傳統光學顯微術比較
- 解析度超越光學顯微術

- 其他優缺點 *
- 對科技發展的影響

我們雖然是根據此大綱來撰寫中英文段落，但實際內容並未完全依照大綱的排列順序，原因是我們為了解說方便，選擇以光學顯微鏡為例，因此在處理 What 或 How 時免不了需要比較兩種顯微術。撰寫成的中英文段落如下：

電子顯微術是一種利用電子束來檢測樣品細微特徵的現代技術。早期的電子顯微鏡架構與傳統光學顯微鏡很相似，主要差別在於以電子槍取代光源，並以電磁線圈取代光學透鏡。光學顯微術使用的是平均波長 550 奈米的可見光，受限於繞射，解析度只能到 200 奈米。相形之下，電子經高電壓加速後，很容易達到次奈米波長，提供了遠超過光學顯微鏡的解析度。電子顯微術可以用來觀察樣品的細部結構，因此在奈米科技的發展上扮演了極重要的角色。

Electron microscopy is a modern technique in which electron beams are employed to observe tiny features of the specimens. The basic working principle of an electron microscope resembles that of a conventional optical microscope, except that the light source is replaced by an electron gun and the optical lenses by electromagnetic circuits. Optical microscopy uses visible lights with averaged wavelength of 550 nm and therefore its resolution is limited to 200 nm due to diffraction. On the other hand, electrons when accelerated by high electric voltage can easily reach sub-nanometer wavelength, offering much higher resolution. Since electron microscopy can be used to observe the details of the sample, it plays a vital role in the development of nanotechnology.

(6.3-9)

接著，我們同樣根據【例 6.3-5】中的大綱，將上述的綜合性段落依性質拆開，恢復大綱中原先被省略的部分 (加註 * 號者)，並添加細節進行擴充，撰寫成底下這個由數個專一型段落組成的短文：

Electron microscopy is a modern technique in which electron beams instead of lights are employed to observe tiny features of the specimens. The basic working principle of an electron microscope resembles that of a conventional optical microscope, except that the light source is replaced by an electron gun and the optical lenses by electromagnetic circuits.

There are two major types of electron microscopes: transmission electron microscope (TEM) and scanning electron microscope (SEM). Both types have the electron gun mounted on the top of the microscope as the "light source". In TEM, the electron beam travels through the specimen and the scattered electrons are collected at the bottom of the instrument to form image, while in SEM, the scattered electrons are collected on the same side of the electron gun. The scattered electrons can be used to reveal the image of the specimen since the extent of scattering depends on the density distribution of the material they interact with.

In optical microscopy, visible lights with averaged wavelength of 550 nm are used to probe objects. Due to the diffraction of light, the resolution of optical microscopes is limited to approximately 200 nm. On the other hand, electrons when accelerated by high electric voltage can easily reach sub-nanometer wavelength, rendering electron microscopy much higher resolution. The interaction of the electrons with the material can also generate X-rays which correspond to various electronic transitions within atoms. This provides researchers a helpful tool to identify the chemical composition of the specimen.

Apart from these advantages over conventional optical microscopes, some electron microscopes can also be used to determine the lattice structure of the specimen from the diffraction pattern of electrons. These capabilities allow the researchers to explore the world in nanometer regimes. In all, electron microscopy has played a vital role in the development of nanotechnology. (6.3-10)

課後習題 (Homework)

Chapter 6 科技英文段落分析與寫作

一、**段落結構分析練習**：請標示出以下段落中的引言、正文及結論部份，並將它們分別翻譯成中文。

1. 【摘自 "Gene therapy" 一文的第一段】(註1)

   Through advances in genetic modification, scientists have developed techniques to alter a person's genetic material to fight or prevent disease. Gene therapy is an experimental process through which manipulated genes are inserted into targeted faulty cells in order to restore or prevent defective genes responsible for disease. Doctors can use genes therapy to forego the use of drugs or surgery.

2. 【摘自 Wikipedia – Solar Cell (註 2) 的第一段】(註2)

   A solar cell, or photovoltaic cell, is an electrical device that converts the energy of light directly into electricity by the photovoltaic effect, which is a physical and chemical phenomenon. It is a form of photoelectric cell, defined as a device whose electrical characteristics, such as current, voltage, or resistance, vary when exposed to light. Solar cells are the building blocks of photovoltaic modules, otherwise known as solar panels.

二、**專一型段落寫作練習**：請根據提示寫出一段獨立的文字來介紹以下題目。

1. 電晶體 (transistor)
2. 微波爐 (microwave oven)

3. 油電混合車 (hybrid car)

4. 燃料電池 (fuel cell)

5. 噴墨列印 (ink-jet printing)

6. X 光 (X-ray)

7. 電漿 (plasma)

8. 重力加速度 (gravitational acceleration)

9. 三用電錶 (multimeter)

10. 太陽風 (solar wind)

三、綜合型段落寫作練習：

(i) 請參考題目中未加註星號者的大綱，寫成一段綜合型的文字段落；

(ii) 以 (i) 的答案為基礎，再加上有加註 * 號的部分，將內容擴充成數個相關的文字段落。

1. 光害 (light pollution)

    ➢ 什麼是光害及其成因

    ➢ 光害的影響與防制方法 *

2. 天氣預報 (weather broadcast)

    ➢ 什麼是天氣預報

    ➢ 如何進行天氣預報 *

    ➢ 天氣預報帶來的好處

3. 積體電路 (integrated circuit)

    ➣ 什麼是積體電路

    ➣ 積體電路的運作原理

    ➣ 積體電路的用途或影響 *

4. 電動馬達 (electric motor)

    ➣ 什麼是電動馬達

    ➣ 電動馬達運作的原理 *

    ➣ 電動馬達的應用

5. 全球暖化 (global warming)

    ➣ 什麼是全球暖化

    ➣ 全球暖化的成因

    ➣ 全球暖化對人類文明的影響 *

6. 極地渦漩 (polar vortex)

    ➣ 什麼是極地渦漩

    ➣ 極地渦漩的成因 *

    ➣ 極地渦漩對天氣的影響

註1：JoAnne Juett, English for specialized Science and Technology, Ch.11 (Cosmos Culture, 2010)

註2：https://en.w-ikipedia.org/wiki/Solar_cell

附錄一　光電 / 物理 / 電機 / 電子核心字詞表

A

aberration　像差
absolute　絕對的
absorption　吸收
accommodation　調節
accuracy　準確性
achromatic　消色差的
adaptive optics　調適光學
afocal　無焦點
Airy disk　艾瑞盤（艾里斑）
alternative　二擇一、替代的
amplification　放大率
amplitude　振幅
analyzer　檢偏片
angular　角度
antireflection　抗反射
anomalous dispersion　異常色散
aperture　孔徑
apex angle　頂角
aspherical surface　非球面
approximate　近似（的）
attenuation　衰減
autocorrelation　自相關
axis / axial　軸 / 軸向的

B

bandwidth　頻寬
beamsplitter　分光鏡
biaxial　雙軸的
birefringence　雙折射
blackbody radiation　黑體輻射
blur　模糊
boundary conditions　邊界條件
Bragg's law　布拉格定律
Brewster's angle　布魯斯特角

C

calcite　方解石、碳酸鈉
camera　相機
chopper　截光器、斬波器
chromatic　彩色的
circular　圓形的
coefficient of finesse　精度係數
coherence　同調
collimation　準直
coma　彗形像差
compact　緊實、小巧的
complementary colors　互補色
compound lens　組合透鏡
conductivity　導電率
confocal　共焦的

constructive interference　建設性干涉
continuous wave　連續波
contrast　對比、反差
correlation　相關性
critical　臨界、關鍵
cost　成本
cylindrical　圓柱形的

D

degree of polarization　偏振度
destructive interference　破壞性干涉
dielectric　介電質
diffraction　繞射
diffuse　擴散、滲透
diode　二極體
dipole　偶極
dispersion　色散
distortion　畸變、失真
dopant　質
dope　雜
doublet　雙合（透鏡）
Doppler broadening　都普勒變寬

E

electrode　電極
electromagnetic　電磁的
ellipsometer　橢圓偏光儀
emission　發射
energy　能量

entrance pupil　入（射）瞳
Erbium-doped fiber amplifier　鉺光纖放大器
evanescent wave　衰減波、消散波
excited state　激態
exit pupil　出（射）瞳
external　外在的
extinction　衰耗
extraordinary rays　非常光
eyepiece　目鏡

F

Fabry-Perot etalon　法布立 - 培若標準具
far-field　遠距場
fiber　光纖
field curvature　場曲
film　薄膜
filter　濾光
fluorescence　螢光
focal length　焦距
Fourier transform　傅立葉轉換
Fraunhofer diffraction　夫朗和斐繞射
Fraunhofer line　夫朗和斐譜線
free spectral range　自由光譜區
frequency　頻率
Fresnel diffraction　菲涅耳繞射
Fresnel zone plate　菲涅耳區帶片
fringe　條紋

G

Gaussian beam　高斯光束
geometrical optics　幾何光學
graded-index fiber　斜射率光纖
grating　光柵
group velocity　群速度

H

harmonic　諧波
holography　全像術
homogeneous　均勻的
Hugen's principle　惠更斯原理

I

incandescent　白熾的
incidence　入射
image　影像 n. | 成像 v.
impulse　脈衝
index matching　折射率匹配
infrared　紅外線
inhomogeneous　非均勻的
integrate　整合、一體化
intensity　強度
interference　干涉
interferometer　干涉儀
intermodal dispersion　模間色散
internal reflection　內反射
inverse square law　平方反比定律
inversion　反轉

ion beam planting　離子束佈值
irradiance　(輻)照度

K

Kirchhoff's diffraction theory　克希荷夫繞射定理
Kerr effect　科爾效應

L

laser　雷射
lateral　側向
lens　透鏡
lensmaker's formula　製鏡者公式
light-emitting diode (LED)　發光二極體
linewidth　線寬
liquid crystal　液晶
lithography　微影術；平版印刷術
longitudinal　縱向的

M

magnification　放大
magnifying power　放大倍率
magnitude　量、大小
Maxwell's equation　馬克斯威爾方程式
micron　微米
Michelson interferometer　麥克森干涉儀
microscope　顯微鏡
mirror　鏡子
modulation　調制

monochromatic　單色
multiple-beam interference　多光束干涉
mutual coherence function　交互同調函數

N

nanometer　奈米
near-field optics　近場光學
negative　負
nonlinear　非線性的
numerical aperture (NA)　數值孔徑

O

object　物體
objective　物鏡
obliquity　傾斜度
opaque　不透明的
optical activity　旋光性
optical axis　光軸
optics communication　光通訊
ordinary ray　常光
organic　有機的
oscillation　振動

P

parabolic　拋物線的
parallel　平行
paraxial　近軸
partial　部分
penetration depth　穿透深度

period　週期
permeability　導磁率
permittivity　電容率
phase　相位
photodiode　光二極體
photoelasticity　光彈性
photoluminescence　光致發光
photometry　光度學
photovoltaic　光伏的
physical optics　物理光學
plane of incidence　入射面
plasma　電漿
photoelectric effect　光電效應
point-spread function　點散開函數
polarization　偏振
polarizer　偏振片
population inversion　居量反轉
power spectrum　功率頻譜
Poynting vector　波印亭向量
primary color　原色
principal planes　主平面
Principle of Superposition　疊加原理
prism　稜鏡
probability　機率
profile　輪廓
propagation　傳播
pulse　脈衝
pupil　瞳孔

Q

Q-switch　Q-開關
quantum mechanics　量子力學
quarter-wave plate　四分之一波片
quartz　石英

R

radar　雷達
radiation　發光；發熱；輻射
radiometry　輻射計量學
Rayleigh/Raman scattering　雷利/拉曼散射
ray　輻射線；光束
reflection　反射
refraction　折射
relative index of refraction　相對折射率
resolution　解析
resolving power　分辨力
resonant cavity　共振腔
reticle　標線；細十字線

S

saturation　飽和
scattering　散射
semiconductor　半導體
shift　移動
shutter　遮光器
sideband　側帶
silica　二氧化矽
silicon　矽
skew ray　斜射光線
skin effect　趨膚效應
Snell's law　斯乃爾定率
solar cell　太陽電池
solar spectrum　太陽光譜
spatial coherence　空間同調性
speckle effect　鏡面效應
spectral　光譜的
specular　鏡面反射的
spherical aberration　球像差
spontaneous emission　自發輻射
standing wave　駐波
stimulated emission　激發輻射
substrate　基板、基材

T

tangential　切線方向的
telephoto lens　望遠透鏡
telescope　望遠鏡
temporal coherence　時間同調性
thermal radiation　熱輻射
thick lens　薄透鏡
thin film　薄膜
third-order theory　第三階定律
total internal reflection　全內反射
transfer　轉換
transition　轉變、躍遷
transmission axis　傳播軸、穿透軸

transmittance　透射率
transparent　透明的
transverse wave　橫波
triplet　三合（透鏡）

U

ultraviolet　紫外線（的）
uniaxial crystal　單軸晶體

V

variable　多變、可變的；變數
virtual　虛的
visibility　能見度
vision　視覺

W

wafer　晶圓
wave euqation　波方程式
wave function　波函數
wave optics　波動光學
wavefront　波前
wavelength　波長
wide-angle lens　廣角鏡頭
window　視窗

X

X-ray　X 光

附錄二　簡易科技英文體檢表

一、一般英文詞彙。請在寫下對應的詞性 (e.g. 名詞、動詞、形容詞、介係詞…) 及中文意義；詞性若不只一種，只需寫出一種，但中文必須對應該詞性。

英文	詞性	中文	英文	詞性	中文	英文	詞性	中文
reason			absence			achieve		
build			alternate			benefit		
equal			between			challenge		
design			consider			cooperation		
depth			expense			structure		
explain			improve			demonstrate		
goal			propose			foundation		
imply			produce			important		
deliver			resource			knowledge		
predict			remove			photograph		
major			observe			significant		
often			accurate			sacrifice		
proof			interest			technique		
within			difficult			thickness		
realize			relation			unusual		

二、**專業相關詞彙**。請在空格內寫下對應的中文。

英文	中文	英文	中文	英文	中文
function		diffraction		internal reflection	
optimize		magnetism		semiconductor	
multiple		penetrate		amplification	
fabricate		adjustable		infrared light	
insulator		absorption		monochromatic	
emission		spectrum		optical fiber	
saturate		resolution		superposition	
crystal		solar cell		conductivity	
scatter		fluorescent		polarization	
degrade		dielectrics		lithography	

三、**閱讀及翻譯**：請標示出主要句子的主詞（框起來）及動詞（畫底線），然後整句翻成中文。

例句：The [team] has deposited a thin film of silver on the substrate.

該團隊已經在基板上沉積了一層銀薄膜。

1. A compass needle points north under the influence of the earth's magnetism.

2. A typical optical fiber consists of a transparent core surrounded by a transparent cladding material with a lower index of refraction.

3. A capacitor is an electric device that can store electric charges and energy.

4. In semiconductor laser technology, losses pose a fundamental limit on the performance.

5. Compared with the old system, the new design has the advantages of light weight and low cost.

6. Because the light pulse spread enormously in this experiment, it is difficult to assign any velocity to it.

7. The new device is approximately one third of the current ones in size, which means that it could potentially switch faster.

四、英文造句： 請將下列句子翻譯成英文 (只需忠於文義，避免逐字翻譯)。

1. 我的指導教授要求我在 4 月底前完成實驗，並開始撰寫碩士論文。

2. 科學家已經研究這個題目超過 20 年了，但至今尚未有任何的突破。

3. 材料的折射率越大，光在該材料中行進的速度越慢。

4. 再生能源有許多種，其中包括太陽能、風能、水力及地熱。

5. 當物體的運動速度接近光速時，忽略相對論效應可能導致錯誤的結果。

6. 隨著溫度升高，此電子元件的電阻明顯增加，消耗更多的電力。

7. 根據這些實驗數據，此半導體元件的性能是由臨界電流而非電壓決定。

附錄三　科技英文常見動詞表

A

accelerate　使加速
accumulate　累積
achieve　達到
acquire　取得
act　作用、扮演
admit　承認
aggregate　群聚
aim　針對、致力
align　調準、校直
analyze　分析
apply　應用、申請
approach　接近、靠近
approve　贊同、批准
approximate　近似
attract　吸引
avoid　避免

B

benefit　有益於
bind　捆綁、使連接
boost　提高、增加
bury　埋藏、掩藏

C

capture　捕獲
characterize　描繪特性、具特徵
circulate　使流通、使循環
claim　聲稱
combine　結合
comment　解釋、表示
compensate　補償、抵銷
compete　競爭、對抗
complete　完成
compose　組成、構成
compound　使混合、化合
comprise　包含、由…組成
concern　關於、牽涉到
conclude　推斷
conduct　導電、帶領
configure　安裝、裝配
consider　認為、視為
consist　組成、構成
construct　建造
consume　消耗、花費
contain　包含、控制
contribute　貢獻、捐助
convert　轉變、變換
correct　改正
couple　耦合
cover　覆蓋、包含

D

dampen　抑制
decrease　減少
define　定義
degrade　降低、變質
delete　刪除
deliver　傳送
demonstrate　展示、證明
deplete　耗盡、使減少
deploy　展開、佈署
deposit　沈積
destroy　破壞
determine　決定
develop　發展
direct　引導、指導
discover　發現
disperse　分散
displace　移開、取代
dissipate　消耗、浪費
distinguish　區分、辨別
distort　使扭曲、變形
distribute　分配、散佈
divide　劃分、使分裂
dominate　支配、佔上風
dope　摻雜質
drive　驅動
dub　把…叫做

E

eliminate　消除
emerge　冒出、浮現
emit　放射、發出
emphasize　強調
employ　雇用、使用
encapsulate　將…封入、壓縮
enclose　圍住、封入
encounter　遇到、面臨
encourage　鼓勵
enhance　提高、增加
escape　逃脫、避免
establish　建立、制定
estimate　估計
etch　蝕刻
evaluate　評估
evolve　演化
examine　檢查、測驗
exceed　超過
excel　勝過
exert　施（力）
exhibit　呈現
expand　展開、推廣
exploit　利用、剝削
explore　探索
extract　取出、擷取

F

fabricate　製造、組裝
feature　以…為特徵
forecast　預測
form　形成
function　運行、起作用

G

generate　產生
guide　引導、指導

I

identify　確認、鑑定
image　造影、想像
implement　實施、執行
imply　暗示、意味著
improve　提高、改善
include　包含
incorporate　納入
increase　增加、提高
indicate　指出、意指
innovate　創立、創新
install　安裝、使就位
integrate　整合、使結合
intend　想要、打算
interfere　干涉
introduce　引進
invent　發明
investigate　研究

J

join　連結

L

launch　發射
limit　限制

M

maintain　維持
manufacture　製造、加工
measure　測量
mill　研磨
minimize　最小化
modulate　調整、控制
mount　裝在…之上

N

neglect　忽略

O

observe　觀察、注意到
occupy　佔據
occur　發生
offer　提供
operate　操作
optimize　最佳化、優化
output　輸出
overcome　戰勝、克服

P

peer　凝視、觀察
perform　執行、演出
permit　允許
plug　接通電源、連接
polish　磨光
pollute　污染
pose　擺姿勢、提出、造成
predict　預測
process　處理、加工
produce　出產、製造
promote　提升、升級
publish　刊載、發表
pump　灌注
pursue　追求、從事
put　使處於 (某種狀態)

R

radiate　輻射、放光
raise　增加、提高
realize　了解、實現
recharge　再充電
recombine　復合、再結合
record　記錄
recycle　回收、再利用
reduce　減少、降低；[化] 還原
refer　歸因於、提及
refine　精煉、除去雜質
regenerate　重建

relate　跟…有相關
remove　移除
repel　排斥
replace　取代
require　需要
reshape　重新塑造
respond　回應、作答
restrict　限制
reveal　展現
riddle　充斥、佈滿

S

sacrifice　犧牲
sandwich　將…夾在中間
saturate　飽和
scale up　增加、規模變大
separate　分開、分離
shift　轉移、移動
smooth　使平滑
span　橫跨、包括
splice　接合
spread　延伸、散開
stimulate　刺激、激發
store　貯存
strive　努力
subject　受制於
submit　使服從、提交、投稿
substitute　取代
suffer　遭受、受制

summarize　總結、概述
supervise　監督、指導
surpass　勝過
survey　眺望、全面考查
sustain　支撐、維持

T

target　以⋯為目標、鎖定
terminate　終止
trace　追蹤、查出
transfer　轉移
transform　轉換、改變
transmit　傳送發射
trap　抑制、受限

U

unveil　揭露
upgrade　提升、升級
utilize　利用

V

visualize　視覺化

W

waste　浪費、使荒蕪

Y

yield　產出、出讓、使屈服

隨堂練習解答
(Answers to In-Class Exercises)

第一章 如何學好科技英文

表 1-1 科技英文中常混淆的詞彙數例

silicon 矽	silica 氧化矽	silicone 矽酮、矽利康
aluminum 鋁	alumina 氧化鋁	alumnus 校友
substance 物質	substrate 基板	subtract 減法
electron 電子	electrode 電極	electrolyte 電解液
effect 效果	affect 影響	afflict 折磨
reflection 反射	refraction 折射	diffraction 繞射
proton 質子	photon 光子	phonon 聲子
fission 分裂	fusion 融合	fiction 幻想	friction 摩擦
transfer 轉移	transform 轉變	transmit 傳送	transit 傳輸

第二章 英文的基本文法

— Einstein is a famous physicist. (2.1-4)

— He plays tennis twice a week. (2.1-7)

— Mr. Smith founded this company ten years ago. (2.1-9)

— This company was founded by Mr. Smith ten years ago. (2.1-12)

— That instrument was sent to repair last month. (2.1-14)

— I study in the Department of Photonics, Feng Chia University. (2.2-4)

– He obtained his bachelor's/master's Ph.D. degree in 2008. (2.2-8)

– He is analyzing the latest experimental data. (2.2-15)

– What were you doing when the earthquake happened this morning? (2.2-18)

– I'll be doing experiment in the lab at 10 o'clock tomorrow morning. (2.2-21)

– In recent years, the efficiency of LEDs has been improved by 20%. (2.2-24)

– By the end of last year, he had published 10 journal papers. (2.2-26)

– This problem has been puzzling scientists for 10 years. (2.2-29)

【隨堂練習 2.1】請寫出以下動詞的現在分詞及過去分詞：

原形 / 現在分詞 / 過去分詞	原形 / 現在分詞 / 過去分詞
lie / lying / lied	pick / picking / picked
count / counting / counted	calculate / calculating / calculated
optimize / optimizing / optimized	apply / applying / applied
cancel / cancelling / cancelled (註)	reveal / revealing / revealed
record / recording / recorded	spy / spying / spied

註：canceling / canceled 也適用。

– She has not finished the term report yet. (2.3-7)

– A: Are you an undergraduate of Department of Physics/Electrical Engineering?
  B: Yes, I am. (2.3-9)

– A: Did you attend the conference banquet last night? B: No, I didn't. (2.3-12)

– Has he completed his master thesis/dissertation? (2.3-15)

– They look alike; they may be families. (2.3-20)

– May I introduce our lab for you?　(2.3-23)

– Why should I listen to you?　(2.3-26)

– All students must hand in the term reports before Friday.　(2.3-29)

– Our time shouldn't be wasted.　(2.3-30)

– Who told you the news?　(2.3-42)

– What day is your birthday / wedding anniversary?　(2.3-43)

– When will you graduate from the graduate school?　(2.3-46)

– Whom have you seen at the party last night?　(2.3-47)

– Why must she be so strict to me?　(2.3-48)

– Whose theory is this scientific discovery based on?　(2.3-52)

– How long has he been late (so far)?　(2.3-55)

– How often does your lab have a meeting?　(2.3-56)

– Do you mind telling me how old you are?　(2.3-61)

– We suspect that the data has been modified.　(2.3-62)

– My hairs grow thin.　(2.4-8)

– Cooling improves the performance of the device.　(2.4-11)

– That soccer player was expelled by the referee.　(2.4-14)

– He lent me a book about semiconductor.　(2.4-17)

– He increased the voltage of the electron microscope to improve the resolution of the image.　(2.4-21)

第三章 科技英文詞彙的特點

【隨堂練習 3-1】請指出下列 (1) 片語或 (2) 句中加底線的字彙的意義：

– spring festival 春之祭　　spring water 泉水　　spring constant 彈性係數

– power plant 發電廠　　tropical plant 熱帶植物　　ion plating 離子佈植

– He arrived home safe and sound. 他平安健康地返家了。

– Like poles of magnets repel each other. 磁鐵同極相斥。

– Semiconductors like silicon are crucial to the microelectronic industry.
　半導體如矽對微電子工業至為重要

– I don't like the sound he made. 我不喜歡他發出的聲音。

– This rock is as round as a ball. 這塊石頭像球一樣圓。

– The earth turns round once a day. 地球每天自轉一圈。

– He made a fatal mistake during the second round.
　他在第二回合犯了一個致命的錯誤。

– The measured time interval was rounded to seconds.
　量到的時間間隔被四捨五入至秒。

【隨堂練習 3-2】請寫出以下複合字的意義：

biodiversity = 生物多樣性　　　　aerography = 氣象學

ecofriendly = 環保的　　　　　　geothermal = 地熱的

aqualung = 水肺（潛水氧氣筒）　　neurological = 神經（學）的

electrophoresis = 電泳　　　　　photosynthesis = 光合作用

biomedical = 生醫的　　　　　　gyroscope = 陀螺儀

psychoanalysis = 精神分析　　　seismoastronomy = 地震天文學

【練】 The invention of solid state electronics has given scientists the ability to build large-scale computational instruments like computers. (3.4-3)

【練】 The energy possessed by a substance depends on its chemical composition and mass. (3.4-4)

第四章　科技英文文句的規則

— *Whether the game will be held on schedule* depends on tonight's weather. (4.3-4)

— *That time-varying magnetic fields can induce electric fields* is one of Faraday's important discoveries. (4.3-5)

— *Whom the victim met last night* is the first issue to be cleared. (4.3-8)

— *Why he committed suicide* is the key to solve the puzzle. (4.3-11)

— The greatest advantage of fuel cells is *that their side products are very eco-friendly.* (4.3-15)

— To understand *how LEDs emit light*, one must be familiar with *how to create electron-hole pairs in the semiconductor.* (4.3-21)

— Both Newton rings and the colored fringes on soap bubbles are the result of thin-film interference except *that they have different shapes.* (4.3-23)

— We cannot exclude the possibility *that the sample was contaminated.* (4.3-26)

— Maxwell, *the famous Scottish physicist,* predicted the existence of electromagnetic waves. (4.3-30)

– *Before lasers were invented,* it is difficult to perform such a precise measurement.
(4.3-34)

– In the following discussion, we assume that the absorption of the medium can be ignored *unless it is particularly stated.* (4.3-41)

– *Since optical materials are more or less dispersive,* chromatic aberration cannot be completely eliminated. (4.3-47)

– The researchers created textures on the surface to eliminate specular reflections so *that more lights can escape from the LED chips.* (4.3-52)

– Each current-carrying wire produces magnetic fields around it as *if it is a magnet.*
(4.3-55)

– *The more* a semiconductor is doped, *the better* its conductance is. (4.3-58)

– Fuel cells *which employ hydrogen as fuels* can be used to drive automobiles.

(4.3-64)

– The distance *light travels per second* is approximately 300 thousands kilometers.
(4.3-67)

– Transistors, *which are smaller than red blood cells,* make the previously clumsy electric instrument such as radio compact and light. (4.3-71)

– *As aforementioned,* there are two kinds of velocities of light: phase velocity and group velocity. (4.3-73)

– *As shown in the figure,* once exceeding the critical voltage, the current drops abruptly. (4.3-74)

– *Optimizing the manufacture parameters* may further improve the performance of the device. (4.4-8)

– The emission efficiency of LEDs can be improved <u>by</u> *roughening the surface of the chips*. (4.4-12)

– If the change of temperature is small enough, higher-order terms can be neglected <u>in</u> *calculating the coefficient of expansion*. (4.4-13)

– We employ the atomic-force microscope to *observe the surface feature of the sample*. (4.4-18)

– As far as I know, we are the first research team to *witness this phenomenon in the world*. (4.4-19)

– *To take precautions,* we sealed all of the windows beforehand. (4.4-21)

– There are many kinds of steel, *each having its special uses in industry*. (4.4-26)

– *Encouraged by the preliminary results,* the team decided to extend this method to other materials with similar properties. (4.4-27)

– *Once having passed the certification,* he immediately applied for the job and was recruited. (4.4-30)

– *As seen in the previous experiment,* the increase of pressure will lead to the decrease of overall output power. (4.4-32)

– These new sensors can detect trace amounts of biological elements, *providing protection against infectious diseases*. (4.4-34)

– As the temperature rises, the resistance of the device increases, *dissipating more electric energy*. (4.4-35)

– Solar cells, *capable of collecting solar radiation and converting it into electricity,* have become more and more popular. (4.4-37)

– The researchers, *aware of the fragility of the sample,* handled it with extra care. (4.4-38)

第五章　科技英文常見句型

— The first electromagnetic generator was built by Michael Faraday. (5.1-7)

— More than 100 people were killed in that earthquake. (5.1-8)

— Population inversion must be achieved to produce lasing. (5.1-13)

— Error analysis must be carried out for every experiment. (5.1-14)

— It is well known that optical communications have the advantages of large bandwidth and fast speed. (5.1-18)

— When the accident occurred, nobody knew how to react. (5.2-6)

— So far, none of the labs in the world can reproduce their result. (5.2-7)

— Not all of us agree with his proposal. (5.2-12)

— A sincere apology never comes too late. (5.2-17)

— Without the invention of laser in 60s, holography cannot be realized several years later. (5.2-18)

— Holography was proposed by Dennis Gabor in 1947 but it was not possible to realize it until the birth of highly coherent light source. (5.2-19)

— The dispersion and absorption of the optical material restrict the propagation distance of the optical signal. (5.2-22)

— His conceit and stubbornness prevent him from obtaining higher achievement. (5.2-23)

— It is the critical voltage rather than the current that determines the performance of the device. (5.2-27)

— Mary is too young to travel abroad by herself. (5.2-28)

— A: Don't you think his inference is reasonable?

  B: Yes, I share the same view with him / I'm with him. (5.2-30)

— No significant improvement have we observed in the experiment. (5.3-3)

— Of most importance is the access of the key technology. (5.3-7)

— Never have I seen a person more prudent / sloppier / more absent-minded / more calculating than her. (5.3-10)

— Attached to this e-mail is the homework of Chapter 3. (5.3-14)

— Most seriously damaged are the labs in the basement. (5.3-16)

— Evidences show that they did have physical conflicts. (5.3-19)

— It was the USSR rather than the USA who first sent astronauts into space. (5.3-25)

— It is according to the overall score weighted by the credit hours that the students are ranked. (5.3-26)

— There are 23 millions of people in Taiwan. (5.4-5)

— According to the experiment data, there is a tiny amount of nitride in this sample. (5.4-6)

— There are two kinds of mechanical energies: kinetic energy and potential energy. (5.4-10)

— Compared with GaN and the air, there is a smaller difference in the index of refraction between sapphire and the air. (5.4-11)

第六章　科技英文段落分析與寫作

【仿】說明反射定律 (Law of Reflection)

The law of reflection governs the relationships between an incident ray and the reflected ray from a smooth surface. Both rays and the normal of the surface lie on a plane called the incident plane, and the angle of reflection must be equal to the incident angle.

【仿】水力發電 (Hydroelectric Power)

Hydroelectric power, also called hydroelectricity, is electricity produced by hydropower. The electricity is produced by deriving power from running water. This is mostly achieved by directing water from a dam or reservoir to drive a water turbine which is connected to the electric generators. Water energy can also be extracted from the tides that flow through the tidal stations on the beach. Hydroelectricity offers an eco-friendly way to produce electricity and its cost is comparatively low, making it a competitive source of renewable energies. In 2017, hydroelectric power contributed nearly 20% of the world's total electricity and 70% of all renewable electricity.

參考文獻 (References)

- Azar, Betty Schrampfer, *Understanding and Using English Grammar,* 2rd ed.; (Pearson Education: White Plains NY, 2002).

- W. Crombie and D. Johnson, *Writing Texts in English* (Ring Lung Book Co., Taichung, 2009).

- JoAnne Juett, *English for Specialized Sceince and Technology* (Cosmos Culture Ltd., 2010).

- 英文文法不囉嗦，劉中著，上澤社文化事業，2005。

- 中級寫作 Easy 通，Tara McAteer 著，陳怡芬譯，愛迪生國際文化事業，2005。

- 科技英語與翻譯，陳定安著，書林出版，2005。

- 教育部高瞻自然科學教學資源平台 http://highscope.ch.ntu.edu.tw/wordpress/?p=24567

- 英文文法・句型辭典，李冠宇著，山田文化事業，2011。

- 科技英文寫作，謝忠祐、趙家珍著，五南文化事業，2009。

- 英文分級寫作能力，ELA Antonie Wadsworth 著，傳訊文化圖書，2000。

- 英語寫作技巧，James Aitchison 著，趙福利譯，中文大學出版，2003。

- 科技論文英語寫作，方克濤著，方克濤出版（總經銷：聯寶國際文化），1995。

- 英文研究論文寫作段落指引，廖柏森著，眾文圖書，2010。